$\mathcal{V}$orwort

Ungefähr im Alter von dreizehn Jahren habe ich mein erstes Gedicht geschrieben. Weniger entsprang die Motivation hierzu aus meinem Inneren, sondern wurde durch einen äußeren Einfluss hervorgerufen. Meine Freundin kam mit dem Vorschlag zu mir, Gedichte zu schreiben. Ziemlich schwierig gestalteten sich für mich die ersten Versuche, meine Gedanken in Worte zu fassen und diese dazu noch poetisch klingen zu lassen. Woraus sollte ich meine Ideen schöpfen? Noch aufmerksamer begann ich meine Umgebung wahr zunehmen. Ich lauschte, ich schaute genauer hin, ich ruhte in mir selbst.

Es erfüllte mich mit Freude, Texte anderer Schreiber zu lesen und zu hinterfragen. Daraus entwickelte sich mein Bedürfnis, Dinge, die mich beschäftigten, nieder zuschreiben. Den eigenen Gedanken einen Namen zu geben, daraus Gefühle zu formulieren und diese in Worte zu fassen, gaben mir das Gefühl, frei zu sein. Im Laufe der Jahre entstand eine Sammlung meiner persönlichen Erlebnisse, Erfahrungen, Ängste und Träume.

„Auf der Suche" beschreibt den Weg, den ich bereits gegangen bin und welchen ich möglicherweise noch gehen werde. Das Leben wird jeden Tag neu geschrieben. Jeder Tag schenkt uns Möglichkeiten, unsere Wünsche und Träume wahr werden zu lassen, sie zu leben. Es liegt an uns, diese zu sehen und Entscheidungen zu treffen. *„Auf der Suche"* beschreibt auch das Suchen nach den Zeichen, um auf dem richtigen Weg zu bleiben oder auf diesen wieder zurück zukehren.

Welcher Weg ist jedoch der richtige Weg für uns?

anke

Eine Begegnung, ein Erlebnis, ein Wort oder eine Geste, die das Herz berührt hat, bleibt für ewig als Erinnerung im Herzen bestehen.

Ich danke allen, die einfach nur da waren, die mir geholfen haben, mich selbst besser zu verstehen.

Danke an alle, die ich auf meiner bisherigen Suche durch das Leben kennengelernt habe. „Danke" für die erlebte und gelebte Zeit mit Euch!

Auf der Suche

Leben

Ich will die Nacht,
ich will den Tag,
den Mond,
die Sonne
und alle Sterne...
Ich will den Wind,
das Meer,
den Duft der Welt...
Ich will schmecken,
fühlen,
sehen...
Ich will tanzen,
singen,
lachen,
auch weinen...
Ich will das Unerklärliche,
das Phantastische,
das Einfache...
Ich will geben,
nehmen,
verlangen,
bitten...
Ich will wünschen,
hoffen
und erleben...
Ich will es spüren,
suchen,
erleben –
das Leben...

Irgendwann

Möchte, dass du mich spürst, dass du mir nah bist,
obwohl ich dich noch nicht kenne.
Möchte, dass du mir unter die Haut gehst,
dass du mein Herz umspülst.
Halte mich fest, vor dem ewigen Fallen,
gib mir Mut, nimm mir die Angst der Einsamkeit.
Wärme mich, sei einfach nur da,
auch, wenn ich dich noch nicht kenne.
Fülle meine Gedanken mit Unendlichkeit der Freiheit und Geborgenheit.
Lass mich „ICH" sein und gib meinen Träumen eine Chance, an dich zu glauben.
Liebe mich, auch wenn ich dich noch nicht kenne.
Du wirst sein wie der Wind, den ich spüre,
sein, wie das Rauschen des Meeres – geheimnisvoll und sanft,
wie die Sonne, die mich wärmt,
der Sternenhimmel - voller Phantasie,
frei, wie der Vogel, wild, wie das Land
und wie die Musik in fernen Ländern...
So wirst du sein, das weiß ich, auch wenn ich dich noch nicht kenne.
Möchte, dass du mich spürst – mein Verlangen nach dir.
Möchte wissen, dass du da bist – irgendwo, irgendwann...
Möchte, dass du mir unter die Haut gehst
und mein Herz gefangen nimmst.
Möchte den Glauben an dich festhalten,
spüre den Wind und weiß:
Irgendwann wirst du da sein und ich werde dich erkennen,
auch, wenn jetzt in meinem Herzen nur der Glaube an dich steht.
Ich weiß es – Irgendwann...
Möchte dich so intensiv fühlen, spüren –
das Empfinden, welches tief im Innersten
steht,
welches man doch ewig sucht.
Ich weiß es – Irgendwann...

There is no real love

Es gibt keine wahre Liebe,
wenn doch, sag, wo finde ich sie.
Ständig nur leere Siebe,
denn Sand fangen sie nie.

Er (Sie) rieselt durch alle Poren,
nur Lehm verklumpt in der Hand.
Der Sand geht ständig verloren,
wer sammelt ihn mit Verstand?

Wer müht sich die Träne zu geben,
die Sand zusammenhält?
Egoistisch sie alle leben,
in dieser großen Welt.

Manchmal

Ich will dich spüren, ich will fühlen, wissen,
ich will Nähe, Vertrauen, Verständnis...
Ich will dich ganz nah bei mir haben,
will, dass du in meinen Augen liest und mit
dem Herzen antwortest.
Manchmal aber ist es anders.
Dann will ich mich, ich will ganz allein sein,
meine Freiheit, die Gewohnheiten, der Mensch,
der ich bin, wenn ich alleine bin.
Ich will es nicht aufgeben.
Will schweigen, keine Rechenschaft ablegen müssen
für Irgendetwas.
Will nur mit mir alleine sein, in Gedanken mit der Einsamkeit.
Will nichts tun, was ich eigentlich nicht will,
nichts erklären, was nicht lohnt.
Manchmal ist oft, aber es muss dich doch geben, irgendwo –
du, bei dem dieses „Manchmal" einem „Nie" weicht.

Träume

Wind, trag mich fort,
trage mich mit deinen Schwingen in Länder, über Grenzen – weit, weit.
Sonne, gib mir die Wärme,
schmelze die Kälte meines Herzens – ganz, ganz schnell.
Wolke, zieh mit meinen Träumen,
schicke sie in die Welt hinaus und bringe sie mir gefüllt
mit Freude wieder heim – bald, bald.
Regen, spüle die Trauer fort,
die manchmal tief unter meiner Haut sitzt,
nimm sie und reiße sie mit fort – weit, weit.
Sterne, gebt mir den Glauben,
den Glauben zu hoffen, das Hoffen zu wünschen, das Wünschen zu glauben,
das Glauben an Träume.
Wind, trag mich fort...

Wo bist du jetzt?

Wieder fallen die Blätter von den Bäumen,
nackt zeigt sich das Geäst.
Ein weiteres Jahr verstreicht,
wieder fliegen die Vögel gen Süden
und wo bist du jetzt?

Dein Jahrestag geht vorbei,
wieder neigt sich ein Jahr dem Ende entgegen.
Die Sonne steht tief, Nebel hängt in den Wiesen,
die Tiere verkriechen sich in die Höhlen
und wo bist du jetzt?

Du hast mich angeschaut,
durch mich durchgeschaut.
Wie ein Raubvogel, mit deinem wilden Blick,
streng deinem Weg folgend -
durch den trüben Tag -
bist du so schnell wieder im Nichts verschwunden.
In Sekundenschnelle bist du an mir vorbei geflogen,
ich habe dich aus den Augen verloren und konnte dich
wieder einmal nicht halten.
Wo bist du jetzt?

Ich bin der Jäger der vergangenen Zeiten.
Ich halte Ausschau nach dem wilden Vogel von Einst.
Ich suche die Erinnerung in der Gegenwart,
ich suche dich im Dunkeln der Nacht,
in der Unendlichkeit des Seins und hoffe,
dass mich dein Blick erneut finden wird,
damit ich mich in deinen Augen verlieren kann,
um Kraft zu schöpfen für den Weg durchs nächste Jahr.

Zweifel

Eigentlich schon sicher –
oder nicht?
Ich weiß es –
oder nicht?
Ich sehe dich –
so wie du bist?
Interessant –
oder Täuschung?
Ich will –
oder doch lieber nicht?
Ich weiß es nicht.
Ich lasse es bleiben,
denn ich zweifle...

Bist du denn sicher –
oder nicht?
Weißt du es –
oder nicht?
Siehst du mich –
willst du –
oder doch nicht?
Ich hoffe, du weißt es....

Wie du

Ich sehe dich an, weiß,
dass andere Leute mit dir nicht zu Recht kommen,
weil du deinen eigenen Willen hast.
Auch wenn du denkst, ich fühle genauso –
es ist nicht wahr.
Ich habe dich gerne und bewundere dich.
Ich wünschte,
ich wäre wie du -
so stark mit so viel Willenskraft.
Ich wünschte,
ich wäre wie du –
es gibt wohl kaum jemanden, der dir etwas antun kann.
Ich wünschte,
ich würde wie du niemals weinen.
Ich wünschte,
ich hätte deine Ausstrahlung.
Es tut dir vielleicht auch weh,
wenn die Anderen gegen dich sind,
aber du kannst es verbergen.
Du bist so stark,
deshalb bewundere ich dich
und wünschte,
ich wäre wie du.

Wenn ich im Nachhinein darüber nachdenke: man kann lernen selbstbewusst zu sein, zu wirken, man kann böse Zungen,
lernen zu überhören, man kann stark sein, wenn man nur will. Wie schwer aber muss es sein, seinen Charakter zu ändern,
den man hat, wenn man wirklich so ist, wie es ausreichend wäre, es nur vorzutäuschen. Ich habe mich täuschen lassen,
sorry:
Nie möchte ich so sein wie du.

Mein Herz ist leer…

Ich wache auf, mein Herz ist leer –
dunkelblaues Sternenmeer.
Meine Sinne sind wirr, meine Gedanken leer –
dunkle Nacht, keine Hoffnung mehr.
Augen, Spiegel der Seele, ausdruckslos –
wo sind meine Sterne bloß…
Kalter Mond in dunkler Nacht –
kalt, keine Sonne lacht…
Mein Herz dem Monde gleich – kalt,
kein Leben – die Hoffnung alt…
Die Sonne des Tages lässt mich Mut finden,
der Mond der Nacht, ihn wieder verschwinden.
Tag und Nacht – ein Hin und Her,
der Mond, er siegt – mein Herz ist leer.

Entscheidungen - Zu nah am Feuer, zu nah am Tabu

Unsere Gefühle eingesponnen in einem Kokon.
Gefangen in diesem festen Material, schlummern sie tief und fest.
Sie kommen nicht heraus, denn die Welt um sie herum ist noch kalt und gefährlich.
Das Eis der Vernunft hält sie klein und im Verborgenen gefangen.
Auf den Wächter des Eises ist Verlass – noch,
denn auch die härteste Eiszeit muss einmal den Gesetzen der Natur weichen.

Das Eis taut auf, wir wagen uns langsam aus der Dunkelheit heraus.
Ertasten unsere Umgebung, greifen nach unserem Gegenüber, neugierig auf Neues,
gespannt Grenzen zu überschreiten, Neues zu entdecken, zu erleben.
Die Welt ist groß, so vieles gilt es zu erkunden, zu entdecken und zu finden.
Wir leben an der Grenze, an der Grenze der Vorschriften, Richtlinien,
Verpflichtungen, des Gewissens und tragen Verantwortung unserer Umwelt gegenüber.
Wir führen ein Leben, welches für uns bestimmt ist, dennoch kreuzen immer wieder
fremde Pfade unseren Weg.
Immer wieder werden wir auf eine Probe, vor eine Entscheidung, gestellt.

Die Flammen schlagen hoch, sie können uns sehr leicht die Flügel verbrennen.
Entweder wir stürzen uns in die Flammen oder wir kriechen
in den Schutz des Kokons zurück.
Unser Denken bestimmt unser Handeln, es wirft uns immer wieder hin und her.
Das Denken auszuleben in den Flammen oder eingeschlossen, verborgen im Kokon.
Die Entscheidung zu treffen fällt schwer.
Sieht man sich an dieser Schwelle der Entscheidung stehen,
erfüllt Melancholie das Herz.

Fühlt man sich immer schwer und unentschlossen, alles ist falsch, egal,
was man tut oder für was man sich entscheidet.
Die Änderung zu vollziehen, im Gewohnten zu leben und versuchen zu ignorieren oder
auch die Zeit des Denkens zwischen der Änderung und der Ignoranz.
Man stellt sich die Frage, warum wir immer wieder auf fremde Pfade treffen.
Warum können wir nicht einfach den gradlinigen Weg gehen?

Die Welt ist groß, so vieles gilt es zu erkunden, zu entdecken und zu finden.
Es macht das Leben kompliziert jedoch aber auch unheimlich interessant -
das Leben zu nah am Feuer und am Tabu.

Dort

Dort, wo die Sonne beim Untergang das Meer berührt,
Dort, wo nachts der Mond am Himmel steht,
Dort, wo tief unten im Meer die Fische leben,
Dort, wo die Vögel am Horizont meinem Blick entschwinden,
Dort möchte ich sein, dort in der Ferne,
weit weg von hier.

„Träume nicht dein Leben, lebe deinen Traum!"

Ich lebe in einer Traumwelt.
Mein Ziel ist es, immer wieder aufs Neue, mir diese Träume zu erfüllen.
Jeden Tag versuche ich, diesen Träumen näher zu kommen und somit
die Realität zu verändern.
Möchte irgendwo und nirgends sein, bloß nicht dort, wo ich im Augenblick bin.
Ich habe aber auch Angst davor.
Angst vor dem Augenblick, da der Traum endlich wahr werden könnte.
Male mir alles in rosaroten Farben.
Spiele alles immer und immer wieder in meinen Gedanken durch.
Ich habe Angst davor, dass sich mein Traum anders entwickeln könnte,
als ich es möchte.
Ich habe Angst.
Angst vor jedem neuen Traum, den ich mir so sehr erfüllen will.
Aber ich möchte nicht mein ganzes Leben lang träumen und die Möglichkeiten,
so einfach vorüberziehen lassen.
Ich möchte es einfach riskieren.
Ja, ich will versuchen, meinen Traum zu leben!
Doch noch fehlen mir die Kraft und der Mut, den ersten Schritt zu tun
und die Angst vor dem Ungewissen, hinter mir zu lassen.

Vergessen – ich brauche dich!

Ich möchte manchmal alles vergessen.
Vergessen wer ich bin, wo ich bin, was ich bin.
Ich möchte manchmal der grauen Welt entfliehen.
In meinen Träumen gelingt mir das ein wenig.
Dort ist alles rosa-rot.
Die Sonne scheint den ganzen Tag und alles ist gut.
Ich liege in deinen Armen und du hältst mich fest.
So kann ich vergessen, alles hinter mich lassen.
Doch wenn du mich in meinen Träumen loslässt,
wird alles wieder grau.
Der Regen fällt, Tropfen laufen über mein Gesicht,
alles kommt wieder auf mich zu, was ich gerade versucht
habe zu vergessen.
Ich wünschte, du wärst nicht nur in meinen Träumen bei mir.
Ich brauche dich auch in der realen Welt.
Wärst du hier, würdest mich in deine Arme nehmen und
fest halten –
vielleicht könnte ich dann wirklich einmal alles vergessen.

Tausend Gesichter

Tausend Gesichter schnell an dir vorbeigehuscht.
Einen Moment siehst du ihre Augen.
Vielleicht etwas, das sich einprägt und dich noch einmal hinschauen lässt.
Vielleicht ein scheues Lächeln für denjenigen, der dich gerade anschaut.
Vielleicht ein paar Sekunden, die man sich länger in die Augen schaut als sonst.
Tausend Gesichter und niemand kennt den Anderen.
Sie laufen täglich aneinander vorbei.
Blicke, vielleicht ein Lächeln, doch keiner traut sich, etwas zu sagen.
Wäre es nicht schön, wenn man ohne Hemmungen aufeinander zugehen könnte?
Worte, die man gerne gesagt hätte, bleiben in den Gedanken.
Welche schönen Minuten verpasst man täglich in seinem Leben.
Tausend Gesichter mit denen man hätte reden können.
Tausend Gesichter denen man näher gekommen wäre,
wenn man nur den Mut dazu hätte,
anders zu sein, als sie selbst.
Wenn man nur einen Anfang machen könnte...

Glücklich

Ich frage mich:
„Bin ich glücklich, werde ich mal glücklich sein?"
Was bedeutet eigentlich Glück?

Ich bin auf der Suche nach dem Glück
und nach der Antwort auf die Frage,
was wir unter Glück verstehen.

Unabhängigkeit,
Reisen,
Geld,
Erfolg,
Familie,
Freunde,
Gesundheit...

Viele suchen, einige finden,
andere erkennen nicht,
den Restlichen fehlt es...

Aber was ist mit dem Glück,
welches so alltäglich ist,
dass man es schon nicht mehr wahrnimmt?

Ich sehe aus dem Fenster:
Bäume, Gras, Vögel, Wolken,
Regentropfen auf der Fensterscheibe.

Ich laufe durch die Straßen.
Fühle den Wind, atme die frische Luft,
höre Musik von überall her.

Ich fühle es in mir,
das Glück umspült mich,
ich lasse mich treiben
und genieße dieses beglückende
Gefühl...

Hinaus

Wie auf Wolken schweben –
in die Lüfte weit hinaus,
dorthin, wo dich niemand hält –
weiter in die Welt hinaus.
Neues lernen und entdecken.
Neues finden und versteh´n.
Neue Gefühle in dir wecken,
weiter in die Welt reingeh´n.
Neue Freunde, neues Glück –
keiner bringt sie dir zurück.
Renn´ schnell los und such´ dein Ziel –
nicht bescheiden, nimm schön viel.
Nimm dir alles, wie´s gefällt,
denn keinem ist das Glück bestellt.
Verzage nie in schlechten Zeiten,
nie dauern sie zwei Ewigkeiten.
Trag´ stets den Sonnenschein im Herzen,
so hilft er dir durch deine Schmerzen.
Verzage nie und gib nicht auf,
geh´ weiter in die Welt hinaus!

Im Kreise gehen

Gedanken, die nicht vorwärts führen,
Lösungen, die nicht zu finden sind,
Zeit, die mir verloren geht,
man sich nur, um sich selber dreht,
verwirrte Sinne machen blind –
lässt ungeahnte Dinge spüren.

Die Zeit verfliegt, wohin denn nur,
durch was ist sie verflogen?
Die Zeit verrinnt, nichts ist vollbracht,
wohin hat sie mich fortgezogen?

Einst ging ich festen Schrittes
in jeden Tag hinein,
den Blick zu neuen Winkeln,
des Lebens frohen Schein.

Gedanken, die mich halten –
des Weges stets begleiten,
die Lösung liegt so fern –
ein weit entfernter Stern.

Wohin ich geh´, ich komm´ nicht fort,
ich laufe nur im Kreise.
Gedanken stark – sie halten mich,
auf unerklärlich´ Art und Weise.

Mein Herz bestimmt den Geist,
ich will die Zeit nicht schwenden.
Will leben und erleben,
mich neuen Zielen wenden.

Gefühle lasst mich los – schnell und völlig ganz,
damit ich wieder spüre – des Tages hellen Glanz!

Es ist schon wunderbar,
das wärmende Gefühl –
an zärtliche Stunden nur zu denken –
an eine wärmende Zeit mit dir.

Doch bringt mich dies nicht weiter,
im Denken und im Handeln.
Ich kann nicht immer nur,
auf unsichtbaren Wolken wandeln.

Ich will nicht nur in Träumen
im Leben weiter geh´n,
ich will in meinem Leben,
ganz fest auf beiden Beinen steh´n.

So muss ich diesen Weg,
der nur im Kreis mich führt,
entrinnen und das bald,
sonst werden noch die Ziele des Willens
grau und alt.

Erst wenn ich mich gefunden,
nach Taten und Gelingen,
erst wenn ich das gefunden,
weiß, wer ich selber bin und
was ich selbst verlange,
den meinen Platz gefunden,
erst dann kann ich auf andren Wegen weilen
und meine stille Zeit, in tiefen zärtlichen Gedanken,
an einen lieben Menschen teilen.

Doch heut´ gib mir mein Herzen frei,
sonst dreh´ ich mich im Kreise,
denn nur Gedanken oder Wünsche will ich nicht –
sie machen mich nur leise.
Sei bei mir ganz und gar,
damit die Zeit nicht schwendet,
doch geh´ wenn du´s nicht ehrlich nimmst,
damit auch mal der Kreis beendet.

Mein Traum

Ich träume einen Traum von einer anderen Welt.
Glücklich dort zu sein,
auf Wolken zu schweben, auf Wolken der Liebe.
Herzlichkeit, die alle Menschen wie einen gefüllten
Ballon zusammenhält.
Der Ballon steigt, fliegt höher und höher.
Ich fühle mich wohl.
Frei zu sein, mit jedem Stück dem Himmel näher.
Eine Welt ohne
Arroganz, Neid, Eifersucht, Hass, Zerstörung,
Tränen, Leid und Unterdrückung.
Ich träume einen Traum von einer anderen Welt.
Er hilft mir, die Wirklichkeit der jetzigen Zeit, zu vergessen.

Heute bin ich DIR begegnet -
DU hast mir meinen Traum gestohlen,
mein Hoffen auf eine bessere Welt,
den Hoffnungsschimmer, der mir auch in der dunkelsten
Einsamkeit entgegen leuchtete.

Doch ich weiß, es folgt ein Morgen.
Ein neuer Tag, an dem ich meinen Traum träume.
Den Traum von einer anderen Welt.

Das Meer

Wellen brechen sich vor meinem Auge,
zerschellen brausend an den gewaltigen Klippen.

Möwen kreischen am Horizont und
stürzen sich in die wilde Flut.

Der Wind umhüllt mich und
raunt mir etwas zu.
Ich spüre, wie er mein Haar streift,
seine Berührungen fesseln mich.

Ich schließe meine Augen.

Der Geruch des Salzes,
anziehender als jedes noch so teure Parfüm.

Eine ungeahnte Sucht packt mich.

Der Wind, die Möwen, die Wellen -
sie rufen nach mir.

Das Zusammenspiel der Kräfte,
die Wildnis, die Freiheit,
entfesseln die Gefühle.

Ein Schritt und ich wäre mit dem Meer
auf ewig gebunden,
aber finde ich dort unten wirklich die
Erfüllung meiner Sehnsüchte?

Stolz

Ich bin stolz auf mich.
Stolz, wenn ich einen weiteren Schritt,
in einer neuen Situation,
mit fremden Menschen,
unter Berücksichtigung meiner Gefühlsverfassung,
in mein noch ungeschriebenes Leben hineingehe.
Immer weiter...
ich bin stolz auf jeden weiteren Schritt -
sei er noch so klein.

Schmetterling des Lebens

Schmetterling des Lebens
du fliegst von Blüte zu Blüte,
trinkst ihren Nektar; so süß im Geschmack,
jeder anders und auch so einzigartig.

Schmetterling des Lebens
die Jahre fliegen mit dir dahin,
Erinnerungen bleiben an deinen Flügeln haften.

Freude und Melancholie,
Schicksalsschläge und Triumphe –
gekostet haben wir mit dir
die Blüten des Lebens,
sie machen neugierig auf Neues.

Schmetterling des Lebens
fliege weiter von Blüte zu Blüte!!!

Oben

Stufe um Stufe,
Stück für Stück,
will ich es greifen, erreichen,
das Tor zum Glück.

Die Stufen zu hoch,
ich zu klein –
ach, würd´ ich doch bloß größer sein.

Ich

Wie wollt ihr mich? -Wer bin ich?

Meine Freundin möchte Zeit mit mir verbringen.
Zeit, in der wir miteinander reden, unsere Gefühle und Gedanken austauschen.
Zeit, in der wir lachen oder uns gegenseitig Trost spenden.

Mein Vater möchte Zeit, Zeit, in der ich mich für die Arbeit engagiere.
Dass ich mich einbringe, fleißig bin und hinter ihm stehe in seinen Entscheidungen.

Mein Freund möchte Zeit, Zeit, in der er bei mir Ruhe und Geborgenheit findet,
um wieder Kraft zu finden, seine Vorstellungen in die Tat umzusetzen.

Meine Mutter möchte Zeit, Zeit um diese mit mir – ihrer Tochter – zu verbringen,
Erfahrungen auszutauschen und das Beisammensein zu genießen.

Auch die Verwandten und Bekannten möchten Zeit mit mir teilen.

Es soll eine glückliche Zeit sein, das Leben, mit allem was der Tag uns schenkt.
Doch frage ich mich, warum ich zurzeit keinen Ausweg finde,
aus meiner Traurigkeit auszubrechen.

Meine Freundin fühlt sich vernachlässigt.
Mein Vater glaubt nicht an meinen Einsatz.
Mein Freund ist enttäuscht, da ich doch nicht so stark bin, wie er dachte.
Meine Mutter meint, ich hätte mich verändert.

Vor den Verwandten und Bekannten lege ich eine Maske auf,
die mit einem Lächeln verziert ist.

Warum bin ich so?
Ich bin traurig darüber, dass ich keinem gewünschten Bild gerecht werde.
Ich möchte alles sein für jeden, doch ich habe festgestellt,
dass ich dadurch mein eigenes ICH kaputt mache.
Mein Glaube an meine Wünsche und Sehnsüchte wird zerstört.
Warum sieht mich niemand so, wie ich bin?

Lasst mich sein, einfach nur sein.
Um mich selbst zu finden, brauche ich auch Zeit für mich.
Ich brauche diese zum Nachdenken, zum Grübeln und Träumen.
Meine Gedanken sind mir wichtig. Im Moment finden sie keinen klaren Weg.
Da ihr mir meinen Weg nicht zeigen könnt, lasst ihn mich selber finden.

Ich möchte für euch da sein, Zeit mit Euch verbringen –
aber erstickt mich nicht mit euren Vorstellungen, wie ich sein soll.

Ich bin, wie ich bin.

Der Zug

Der Zug fährt an -
Berge, Wiesen, Felder, Städte, Dörfer fliegen vorbei.
Manchmal möchte ich die Notbremse ziehen.
Anhalten, den Dingen nähere Betrachtung schenken.
Ich nehme mir vor, auf der Rücktour
einen Zwischenstopp einzulegen.

Der Zug fährt an -
er fährt los vom Ort "Geburt"
und führt ins Leben.
Die Endstation: der "Tod".
Während der Fahrt fliegen
Freundschaften, Liebe, Trauer, Freude vorbei.
Auf dieser Fahrt sollte man so oft wie
möglich die Notbremse betätigen,
den Dingen nähere Beachtung schenken,
denn dieser Zug fährt nie zurück.

Engel

„Du siehst aus wie ein Engel",
sagte ich zu ihr, als sie ein kleines Mädchen war.
Ihre blonden Löckchen flogen um ihr Gesicht und
ihr Lächeln bezauberte jeden.
Das Strahlen in ihren Augen sagte liebevoll „Danke",
denn sie wollte so gerne ein Engel sein.

„Du siehst aus wie ein Engel",
sagte ihre Enkelin zu ihr, als sie in ihrem Schaukelstuhl
saß und die Gute-Nacht-Geschichte vorlas.
Sanft strich ihre zittrige Hand über das Haar der Kleinen.
Ein Lächeln flog über ihr Gesicht, ihre Augen strahlten,
denn sie wollte so gerne ein Engel sein.

„Du bist mein Engel",
rief ich ihr zu, als ich sah, wie traurig sie wurde,
da sie in diesem Moment in ihrer Enkelin den Engel
erkannte, der sie immer sein wollte.
„Deine Zeit ist gekommen, dein Wunsch erfüllt sich,
flüsterte ich ihr zu. Komm zu mir, sieh vom Himmel hinab
auf die Engel der Gegenwart."
Sie schloss langsam ihre Augen und ein zufriedenes Lächeln
lag jetzt auf ihrem Gesicht. Ihre Reise hatte begonnen.
Sie wusste, jetzt war sie ein Engel und ich erwartete sie mit
offenen Armen:
„Du bist mein Engel, aber das warst DU schon immer, meine kleine Tochter."

Morgen

Bald schon kommt ein neuer Morgen,
ja, ein Tag auch ohne Sorgen.

Heute, da mich die Trauer jagt,
morgen mein Herze nicht mehr verzagt.

Heute weht ein rauer Wind,
morgen alle glücklich sind.

Heute nimmst du mir den ganzen Glauben,
morgen komm´ ich ihn mir wieder rauben.

Heute trittst du schwer auf meinem Herzen,
doch morgen mag es wieder scherzen.

Ein kalter Frost umgibt mich heute,
doch schön, es gibt auch nette Leute.

Mach´ mich nur nieder, wie du es magst,
du mich nach meiner Meinung fragst,
sag´ ich dir schnell und ganz geschwind,
das schöne Wetter kommt bestimmt.

Heute fröstelt's mich am ganzen Leib,
morgen es dann wieder schreit:

„Warum soll man denn traurig sein?
  Auf Regen folgt stets Sonnenschein!"

Freundschaften und Begegnungen

Für dich ganz allein

Es blüht die eine Rose,
sie blühet nur für dich.
Entfaltet ihre Schönheit,
nur ganz allein für dich.

Sie nimmt die ganze Kraft,
aus ihren Wurzeln fein.
Sie reckt sich in den Morgen,
für dich ja ganz allein.

Die Sonnenstrahlen malen,
ihr Bild auf zartes Grün.
Sie streckt sich dir entgegen,
nicht ist umsonst ihr Müh´n.

Sie sucht es zu erhaschen,
das Lächeln im Gesicht.
Du musst sie überraschen,
enttäusch´ sie bitte nicht.

Das dunkle Rot es leuchtet,
tief in die Nacht hinein,
das dunkle Rot, das sagt dir:
„Du bist gar nicht allein!"

„Dir will ich mich gern´ schenken,
nur du bist es mir wert,
du bist der Mensch,
der mich als Rose,
im Herzen wirklich ehrt!"

„Bei dir da möcht´ ich bleiben,
bei dir, da möcht´ ich sein.
Ich blühe nur für dich,
für dich heut´ ganz allein!"

Ich halte dich im Herzen

Wenn Sonne, Mond und Sterne
am Himmel dunkel scheinen,
wenn Nacht für Nacht
die Englein mit dir weinen,
auch wenn die Tränen fallen –
in dunkelgrauer Nacht,
auch wenn dein Herze schreiet –
voll Kummer, Not und Leid,
auch wenn der Mut entschwindet –
du auch an nichts mehr glaubst,
dein Hoffen zwischen Steinen,
ganz tief der Erde gleicht,
auch wenn die Stimmen schweigen,
die Freude dich verlässt,
ich halte dich im Herzen
für immer ganz doll fest!!!

Sunny

Sunny hatte Angst.
Er fragte mich um Rat
und wich mir nicht mehr von der Seite -

aber man kann ihn
nicht aufhalten,
ich habe es gesehen –

die Seele, die aus
dem Körper drängt.

Wahre Worte

Mein schlechtes Gewissen sagt mir,
dass ich zu wenig an dich gedacht habe,
dass ich mir um so viele andere Dinge Sorgen gemacht habe,
dass ich Gedanken verschwendet habe,
dass ich Worte für mich behalten habe und
dass ich mir so viel wünschte, was nun keine Bedeutung mehr hat.

Du warst immer in meinem Herzen.
Nun lässt du mich allein und ich weiß nicht, ob ich dich gehen lassen kann.
Ich glaube, ich bin nicht in der Lage dich loszulassen.
Das, was du mir gegeben hast, kann mir kein Anderer schenken.
Der Glaube an das, was wirklich zählt.
Dein Wille war so stark und dein Herz so groß.
Ich kann nicht glauben, dass du nicht mehr bei mir bist.

Mein schlechtes Gewissen fragt mich,
warum ich gerade in der Stunde glücklich gewesen bin,
als du schwächer wurdest,
warum ich es nicht gefühlt habe, wie es um dich steht,
warum ich mich so lange nicht bei dir gemeldet habe,
warum ich dir so selten gesagt habe,
wie viel du mir bedeutest.

Jede Träne, die ich heute weine, fällt
als wahres Wort,
als wahres Gefühl,
als wahrer Gedanke,
der ausdrückt, wie viel du mir bedeutet hast, zu Boden.

Ich wünschte, ich hätte dir gestern all das gesagt,
hätte mich nicht gescheut, dir meine Tränen zu zeigen,
aber auch wenn du jetzt gehst,
so bleibst du doch immer bei mir, tief in meinem Herzen
und dein Stern wird alles überstrahlen.

Die Melodie des Herzens

Die Melodie des Herzens, wie sie schlägt im Takt der Zeit.

Die Melodie des Lebens, wie sie nach Erfüllung schreit.

Die Melodie der Erinnerung, die Welle, die uns trägt.

Die Melodie der Träume, die uns auch bewegt.

Spiel' für mich dein Lied,
spiel' für mich den Beat,
spiel' für mich den Takt,
der meine Seele packt!
Ich vergess' sie nie –
deine Melodie....

Sing' für mich den Satz,
sing' für mich mein Schatz,
sing' mir von dem Leben,
lass' die Seele beben!
Ich vergess' sie nie –
deine Melodie....

Tanz' für mich im Regen,
tanz', lass' dich bewegen,
tanz' für mich den Schritt,
nimm die Seele mit!
Ich vergess' sie nie –
deine Melodie....

Lach' für mich im Sonnenschein,
lach' für mich auch ganz allein,
lach', lass' meine Träume leben
und mit deiner Seele schweben!
Ich vergess´ sie nie –
deine Melodie....

ICH und DU

Gemeinsam lachen – das ICH und DU,

wenn DU redest, hör´ ICH zu.

Brauch´ ICH Hilfe ruf ´ ich dich

und DU kümmerst dich um mich.

DU bist Künstler vieler Worte,

ICH back´ aus Taten meine Torte.

ICH sitz´ im Garten still und leise,

DU gehst auf deine eig´ne Weise.

Trotzdem weiß ich ganz genau,

dass ich nur mit dir, besonders große Türme bau´.

Mein eig´ner Weg führt mich voran,

doch schau´ ich mir auch and´re an.

So kann ich lernen umzudenken,

den meinen Weg auch umzulenken.

Ich bin so froh, dass wir uns kennen,

nie möchte ich mich von dir trennen.

Gemeinsam geh´n wir Hand in Hand

in jedes unbekannte Land.

Freunde

Auf die Rosen –
die jedes Jahr blüh´n,
auf die Freundschaften –
die nie verblüh´n,
auf die Liebe –
die wächst und gedeiht,
auf die Freude des Lebens –
die Heiterkeit,
auf die Menschen –
die uns Freude bringen,
auf die Vögel –
die ihre Lieder singen,
auf die Kinder –
deren Lächeln die Welt erhellt,
auf die kleinen Dinge –
das, was wirklich zählt,
auf diese Menschen –
die das erkennen
und sich ganz einfach
Freunde nennen.

Du

Ich war so froh, dass du da warst,
als alles um mich herum kalt und ungerecht wurde.
Ja, da war ich froh darüber, dass es dich gibt.
Mir ist noch nie ein Mensch begegnet,
der so viel Herz, Verstand und Gerechtigkeit
besitzt wie du.
Manchmal möchte ich eine Maske aufsetzen,
nicht verraten, wie es mir geht,
weil es mir unangenehm ist,
wenn andere meine Gefühle sehen.
Außerdem habe ich Angst davor,
dass sie ausgenutzt werden könnten.
Du bist so,
als ob du mir ins Herz schauen könntest.
Aber ausnutzen, was du dort siehst,
nein, so etwas würdest du bestimmt nie tun.
Du bist viel zu gerecht.
Du hast mir heute unendlich viel Trost
durch dein Verhalten gegeben.
Wenige Worte und doch viel gesagt.
Ich habe noch nie einen Menschen
gekannt wie dich.
Ich habe auch nie daran geglaubt,
dass es so jemanden geben könnte.
Ich hoffe, dass ich dir irgendwann
genauso helfen kann, wie du mir heute
geholfen hast.

Enttäuscht

Ich kenne dich noch nicht lange,
doch was ich von dir sah,
hat mich sehr beeindruckt und fasziniert.
Habe dich schnell ins Herz geschlossen
und auch viele Gefühle gezeigt.
Glücklich, dass du da warst.
Jemand, mit dem ich offen reden konnte,
der mir Mut gab.
Vielleicht zu schnell, zu viel von dir abhängig gemacht.
Vielleicht zu schnell vertraut, zu viel gesagt.
Ich habe lange über dich nachgedacht.
Ich habe nicht das Recht, irgendetwas von dir zu verlangen -
doch mein Herz hat sich ein Bild von dir gemacht...
Du hast etwas getan, was nicht in diesen Rahmen,
meinem Bild von dir, hineinpasste.
Es hat mich so aus der Bahn geworfen, mich so irritiert.
Ich habe auch versucht, zu verstehen, zu begreifen,
doch bei mir ist etwas verloren gegangen, etwas zerbrochen.
Der Glaube an einen echten Freund.
Jetzt bist du mir fremd, als ob ich dich nie kannte...

Glasprinzessin

Weine nicht kleine Prinzessin,
denn ein Stern leuchtet für dich,
weine nicht,
denn die Tränen lasten schwer auf
deiner zerbrechlichen Seele.
Weine nicht,
denn vereint singen die Engel ein Lied für dich.

Habe keine Angst
vor dem Unbekannten,
habe keine Angst vor der
Dunkelheit,
habe keine Angst
vor der Einsamkeit und auch
keine Angst vor Gefahr,
denn die Zeit der Angst,
nimmt sich Stück für Stück
einen Teil deines Lebens.

Gib die Hoffnung nicht auf,
verliere deine Herzlichkeit nicht,
halte deine Fröhlichkeit fest,
sei dankbar für das, was dich umgibt,
genieße die Zeit des Seins und
kämpfe für deine Ziele.

Weine nicht kleine Prinzessin,
denn du hast noch so viel zu lernen,
so viel zu erleben.
Weine nicht,
verliere dich nicht in der Vergangenheit,
suche die Zukunft.
Weine nicht,
der Stern wird dich leiten,
dir den Weg erleuchten,
die Engel werden dich tragen,
über das dunkle Tal,
in Harmonie und Leichtigkeit.

Schmerz

Tief in deinem Herzen ein großer Schmerz.
Versuchst es zu vertuschen,
doch es spiegelt sich in deinem Gesicht wieder.
Ich kann in deinen Augen lesen.
Weiß genau, was du jetzt empfindest.
Weiß, wie schwer es für dich sein muss.
Eigentlich müsste ich dich jetzt in meine Arme nehmen,
doch ich kann es nicht.
Zu groß ist auf der anderen Seite die Genugtuung,
die Freude, der Hass...
Freude darüber, dass du es auch nicht geschafft hast,
ihn zu halten.
Hass darüber, dass du mich als Freundin schwer enttäuscht
hast und
Genugtuung, dich leiden zu sehen, so wie ich gelitten habe.

Wunder der Zeit

Wolkenbrüche, Regenschauer
und ein Herz gefüllt mit Trauer.
Dicke Tropfen pitschenass -
ich steh´ unterm Garagendach.
Lautes Grollen, helle Blitze,
der Himmel tut wohl seine Witze
der ganzen Erde kund –
der scheint ja recht gesund.
Ich bitt´ den Wind
er möge ganz geschwind,
gen Süden fliegen
und deinen Kummer gerade biegen.
Der Sonne würd´ ich Strahlen stehlen
und schicken dir auf allen Wegen.
Des Mondes Schein
soll dein Behüter sein.
Der Englein ihre Stimmen
soll´n immer Freude bringen.
Die Wolken, dunkel oder munter,
spülen deinen Schmerz dir runter.
Das Tosen räumt Gedanken fort,
zuviel davon, das ist nicht gut.
Es reicht manchmal ein einz´ges Wort
und jede Menge frischer Mut,
am richt´gen Platz am richt´gen Ort,
wirst seh´n, wie gut das tut.
Der Wind, er bringt die Wünsche ganz geschwind,
dass deine Sorgen bald vergessen sind.
Kein Blick zurück, kein Schritt zu weit –
nur im Herzen der Glaube an die Wunder der Zeit.
Ich glaub´ an dich ob 's stürmt oder schneit
und der Kummer vergeht im Wunder der Zeit....

Bald

Du gehst bald und verschwindest völlig aus meinem Leben.
Bald werde ich nicht mehr deine Stimme hören,
nicht mehr in deine Augen blicken.
Du gehst bald und dann ist alles vorbei.
Dann kann ich sagen, ja, ich kannte einen Menschen wie dich.
Eine winzige Erinnerung die mir bleiben wird.
Die Tage vergehen so schnell.
Ich versuche, jede Minute - die mir mit dir bleibt - zu genießen.
Doch der Tag rückt immer näher,
der Tag, an dem du gehst.

Siehst du es?

Siehst du den Mond am Himmel der Nacht,
der so schön leuchtet und uns bewacht.
Siehst du den Mond so hell und klar,
über uns strahlend, immerdar.

Siehst du die Blume am Wegesrand,
die, die dort leuchtet den Sommer lang.
Siehst du die Blume in ihrer Pracht,
bei dessen Anblick mein Herze lacht.

Siehst du die Ameise flink im Wald,
die, die dort schuftet, ob warm oder kalt.
Siehst du die Ameise, wie fleißig sie ist,
pass' auf, dass du sie nicht vergisst.

Siehst du die Berge im Hinterland,
dort wo ich meinen Frieden fand.
Siehst du die Berge, sie ragen empor,
dort, wo ich meinen Glauben beschwor.

Siehst du die Wolken, sie ziehen vorbei,
schwerelos tanzend, glücklich und frei.
Siehst du die Wolken über dir wallen,
aus denen manchmal auch Tropfen fallen.

Siehst du die Tropfen, sie fallen herab,
vom großen, blauen Erdendach.
Siehst du die Tropfen, glitzern und funkeln,
beim Fallen sie ganz leise munkeln.

Siehst du die Schnuppe von dem Stern,
sie kommt aus weiter, weiter Fern´.
Wenn du sie siehst, dann wünsch´ es dir,
siehst du sie nicht, wünsch´ ich es mir,
dass das Glück stets zu dir fließt
und du es dann auch vor dir siehst.

Wir

Unsere Gedanken sind verbunden
über den Weg der Vergangenheit.

Unsere Wünsche sind verbunden
über die Brücke der Zukunft.

Unsere Handlungen sind verbunden
im Strudel der Gegenwart.

Unsere Seelen sind für immer verbunden
über den Strom des Blutes.
Wir sind eins –
Bruder und Schwester.

Starke Gefühle

Bis zum Hals

Bis zum Hals schlägt mir das Herz,
die Finger sind wie Eis so kalt,
ich spüre einen tiefen Schmerz,
so weiß ich doch, ich seh´ dich bald.

Die Stimme wacklig und so fremd,
mein Magen fühlt sich an so flau,
ich fühl' mich dennoch so gehemmt,
auch wenn ich Wolkenschlösser bau.

Die Nasenspitze ist ganz blass,
die Wangen sind so rot wie Blut,
das ist es, was ich gar nicht fass´,
wenn ich mich trotzdem fühle gut.

Wacklig sind mir meine Beine,
ich kann nichts Klares denken,
auf meiner Brust da liegen Steine,
lass' mich nur noch von außen lenken.

Kann nicht schlafen und nichts essen,
laufe nur noch blind den meinen Weg,
kann dich einfach nicht vergessen
hoffe, dass es dir doch auch so geht.

Mir geht es gut, mir ist so schlecht,
ich weiß, dass es dies wirklich gibt,
letztendlich hat mein Herzen Recht,
ich glaub', ich bin ganz schwer verliebt.

Eifersucht

Die Eifersucht	zerfrisst mich, meine Träume, zerfrisst mein Herz, meinen Glauben an eine Zeit mit dir.
Die Eifersucht,	die mich einholt, wenn ich sehe, wie du mit so vielen Anderen umgehst, nur mir schenkst du diese Wärme nicht.
Die Eifersucht,	die in mir hoch kriecht, wenn ich nicht weiß, mit wem du gerade schöne Stunden verbringst, während ich alleine bin, meine Träume an dich verschwende und dich zu mir wünsche.
Die Eifersucht,	die in meinem Körper so heiß und übermächtig wird – die mich verglüht, zerfrisst und mich um den Verstand bringt.
Die Eifersucht,	die so ungerecht ist, noch nicht einmal ein bisschen Mitleid mit mir hat. Sie lässt sich mein Herz quälen, vernichtet es nicht ganz, lässt es nicht ganz verbrennen, dass meine Liebe zu dir erkalten würde.
Die Eifersucht,	lässt alles in mir brennen, so dass ich schreien könnte, nur die Liebe zu dir lässt sie leben.
Die Eifersucht,	so ungerecht, so übermächtig, ich kann sie nicht loswerden, denn du bedeutest mir zu viel.

Wechsel der Liebe

Zwischen Tag und Nacht liegt der Sonnenuntergang.
Zwischen Nacht und Tag liegt der Sonnenaufgang.
Wie der Wechsel von Tag und Nacht,
ist meine Liebe zu dir.
Mal blüht sie auf, wie die Sonne am Morgen
und mal versinkt sie im Dunkeln.
Dieser Wechsel macht unsere Liebe interessant.
Deshalb lass' die Sonne immer wieder auf- und untergehen!

Egoismus

Kann etwas, das man für andere tut
von egoistischer Natur sein?

Soviel möchte ich für dich tun,
wobei jedoch meine Person im Vordergrund steht.

Soviel möchte ich dir geben,
doch letztendlich bekomme ich hierbei etwas zurück.

Soviel möchte ich von dir erfahren,
doch ich höre mich selber reden.

Ich möchte dir gefallen
und bin zutiefst traurig, wenn du mich nicht siehst.

Meine Blicke schreien dich an,
doch du schließt deine Augen.

Mein ausgehungertes Selbst ist eine schwere Last,
die ich zu tragen habe.

Ich möchte es füttern, es stärken,
jedoch gelingt mir dies nicht aus eigenem Antrieb heraus,
denn der Egoismus nährt sich von meinem Selbstwert.

Wofür?

Ein schönes warmes Bad, viel Schaum und Rosenduft,
im Handtuch eingekuschelt, die Augen geschlossen, in Gedanken bei dir.
Sanfte Musik, vor dem Spiegel stehend, kritische Blicke,
durch die Wohnung laufend, Blicke auf die Zeiger der Uhr, wartend auf dich.
Kerzen, strahlende Wärme, Teller immer wieder hin und her rückend -
zähle ich die Minuten rückwärts, bist du endlich kommst.

Das Telefon klingelt, tief aus meinen Gedanken gerissen,
eine Stimme (seine): „Du, sei nicht böse, mir ist etwas dazwischen gekommen."
Lächelnd: „ Macht doch nichts."
Langsam den Hörer einhängend, verwirrt, enttäuscht und wütend.

Die Kleidung gewechselt,
abgeschminkt,
den Kuchen alleine gegessen,
die Kerzen heruntergebrannt.
Im Bett liegend, die Gedanken immer noch bei dir.
Doch nicht mehr so wärmend.
Eine Frage begleitet mich in den Schlaf.

Bist du das wirklich wert?!

Der Frühling beginnt für mich am Abend

In meinem Herzen keimt die Sehnsucht,
die Sonne wärmt mir mein Gemüt,
die Rosen blüh´n in meinem Garten,
auf meiner Haut Verlangen glüht.

Der Morgentau glänzt in der Sonne,
der sanfte Wind streift mir das Haar,
die Lust am Leben, welche Wonne,
das Ziel der Träume liegt so nah.

Ich warte auf des Abends Zeiten,
wenn Nebelschwaden zieh´n durch´s Land,
wenn meine Wünsche mich dann leiten,
in deine Arme wärmend´ Gewand.

Ich will mich meiner Hoffnung zehren,
an deinen Lippen, deiner Küsse labend,
mich ihnen, dir nicht mehr verwehren,
der Frühling beginnt für mich am Abend.

Ich habe einen Traum

Ich habe einen Traum, der sich wohl nie erfüllen wird.
Einen Traum, der so weit entfernt ist von mir.
Einen Traum, der mich nicht mehr loslässt,
der mich Tag und Nacht begleitet.
Ich habe einen Traum,
der mich glücklich und traurig zugleich macht.
Einen Traum, dem ich nie näher zu kommen scheine.
Einen Traum, für den ich schon viele
Tränen und Hoffnungen verloren habe.
Ich habe einen Traum, der meine Gedanken festhält.
Ich habe einen Traum und dieser Traum trägt deinen Namen.

Ein Teil von mir

Du bist ein Teil von mir,
mein Herz schlägt in deinem weiter.
Mein Lächeln spiegelt sich in deinem Gesicht wieder.

Ich schaue dich an und eine riesige
Glückswelle erfasst mich.
Ich lache und bin so glücklich,
dass du da bist.

Tränen sammeln sich in meinen Augen,
weil diese Liebe zu dir mein Herz ganz schwer macht.
Plötzlich wird es wieder ganz leicht
und hüpft mit dem Glück um die Wette.

Ich möchte dich mit Küssen bedecken –
immer und immer wieder.
Ich möchte dich an mich drücken,
um deine Wärme zu spüren.

Sind wir voneinander getrennt,
macht mich diese Sehnsucht nach dir ganz klein.

Ich vermisse
deine kleinen Fingerchen,
die sanft meinen Arm berühren,
deine Füßchen, die mich fordernd treten,
deine Stimme, wie sie ruft,
dein Näschen, das sich kräuselt,
deine blitzenden Augen –
ich vermisse es, dich in meinem Arm zu halten,
dir ganz nah zu sein.

Du bist ein Teil von mir...

Vorbei

Hoffnung   -   die ist vorbei
Sehnsucht   -   doch auch
Träume   -   ebenso
Gedanken   -   verschwende ich nicht mehr
Gefühle   -   investiere ich nicht mehr
Briefe   -   die schreibe ich nicht
Fotos   -   zerreiße ich

Du sagst: „Vielleicht - durch Zufall - sehen wir uns."
Ich sage: „Es ist vorbei."

Du hast mir die Augen geöffnet,
jetzt kann ich nicht mehr.
Es ist vorbei- deine Worte...
Hörst du, du hast es geschafft.
Ich will dich nicht wieder sehen.
Lass' mich in Ruhe, ich will dich nicht hassen.
Du hast es geschafft, sei doch zufrieden.
Es ist vorbei.
Es gibt keinen Zufall und kein Vielleicht mehr.
Ich sage nur, was du doch meinst –
es ist endgültig vorbei....

Töne der Erinnerung

Die Töne beginnen, eine schöne Erinnerung holt mich ein.
Die Kerzen werfen dunkle Schatten über mein Gesicht,
wenn nicht sogar über mein Herz.
Die weiße Pracht fällt vom dunklen Erdendach herab.
Die Töne geben den Takt der Glocken
an einem Rentierschlitten an.

Die Fensterscheiben beschlagen durch meinen Atem.
Die weiße Welt ruft mir, wie durch einen Schleier, von draußen zu.
Sie ist schön. Kaum ist ihre Schönheit zu beschreiben.
Ich lege mich wieder in die weichen Kissen.

Die Kerzen werfen immer noch ihre Schatten.
Ich schließe meine Augen und nehme die Töne
noch intensiver auf.

Die Erinnerung kommt mir immer näher.
Sie kriecht mir schauderlich die Haut hinauf.
Dabei ist sie noch nicht einmal wahr.
Sie ist ein Traum.

Es ist die Erinnerung und das Empfinden an diesen Traum,
der mich jedes Jahr einholt, wenn die Töne von neuem beginnen.

Der Traum der großen Sehnsucht...

Eingehüllt in diese Zeit,
eingebettet und wohlbehütet -
verborgen wie die Gräser unter der Schneedecke,
so ruhen meine Wünsche und Hoffnungen tief in meinem Herzen.
Sie beginnen zu keimen, wenn die Töne erklingen.

Hörst du sie nicht auch - die Töne, tief in deinem Herzen?
Wie lange muss ich noch warten, bis sie dich erreichen?

Angst

Ich hatte Angst, dich anzusprechen.
Ich hatte Angst, unsere erste Verabredung könnte ein Reinfall werden.
Ich hatte Angst, dich falsch zu berühren,
Angst, falsche Worte zu sagen.
Diese Etappen der Angst habe ich hinter mir gelassen.

Jetzt stehe ich vor der Angst,
du könntest dich von mir zurückziehen,
gerade jetzt, wo ich mich traue, dir ohne Hemmungen entgegen zu treten.
Ich habe Angst, du könntest mich wieder ganz alleine lassen.

Ich wünschte, du könntest mir meine Angst nehmen
und ich wünschte, ich könnte an mich glauben und dir vertrauen,
wenn du sagst, dass du mich magst.

Verlangen

Spürst du des Nachtens kalten Atem,
wie ich -
er meine Seele friert?!

Doch wächst das Verlangen
tief in mir,
die Wärme zu spüren,
die du mir gabst -
als dass sich mein Herze
in Kälte verliert.

Ich möchte dir etwas geben

Du stehst vor mir, schaust in meine Augen.
Ich sage zu dir:
"Breite deine Hand aus, ich möchte dir etwas geben!
 Du musst darauf aufpassen, es ist sehr wertvoll und
  leicht zu verlieren!"
Zögernd schiebst du mir deine Hand entgegen,
gespannt darauf, was dich jetzt erwartet.
Meine Hand ist noch geschlossen, ich lege sie in deine
und öffne sie langsam, dabei beobachte ich dich.
Du wirkst erstaunt, denn meine Hand ist leer.
Ich lächle dich an und sage zu dir:
" Ich möchte dir etwas geben - du musst darauf
  aufpassen, es ist sehr wertvoll und leicht zu verlieren!
  Meine Liebe."
Jetzt lächelst auch du, schaust in meine Augen und
schließt deine offene Hand zu einer Faust.
Ich weiß, du hast mich verstanden.

Gier

Tränen, sanft rinnen sie meine Wangen hinab.
Sanft, wie damals deine Zunge meinen Hals empor glitt.

Gier -
ich will die Tränen schmecken und
mich nach deinen Küssen verzehren.

Zauber des Augenblicks

Orange, rot, gelb fast goldfarben
leuchten die Blätter in der Herbstsonne.
Der kühle Wind streift durchs Land,
nimmt sie sacht von ihren Ästen
und wirbelt sie durch die Lüfte.
Der klare See fügt sich malerisch in die
warm gefärbte Hügellandschaft.
Der Augenblick berührt mein Herz.

Flüchtig berührst DU mich
und die Sonne scheint in meinem Herzen.
Meine Augen leuchten,
wie die Blätter im Wind.
Das Verlangen wirbelt
meine Gedanken durcheinander.

Der kühle Wind streift mich,
nimm du mich sacht in deine Arme
dann fügt sich mein Wunsch
malerisch und klar in den
Zauber des Augenblicks.

Alt genug

Ich bin alt genug -
dir meine Zuneigung zu zeigen,
kein Kind mehr,
das sie verstecken muss.

Ich bin alt genug,
das zu tun,
was ich schon lange tun will.

Endlich bin ich alt genug.

Lass' mich dir meine Wärme geben,
denn ich bin kein Kind mehr.

Ich bin alt genug -
für die Liebe.

Aussprechen

So fremd wir uns noch gegenüber stehen,
so viel Zeit müssen wir investieren, um die Brücke der
Unsicherheit und der Missverständnisse zu überwinden.

Worte pflastern die wacklige, zerlöcherte Brücke,
machen sie stabil.

Wir müssen miteinander reden,
lernen, wer der Andere ist.

So lassen sich Missverständnisse einmauern
und die Unsicherheit versinkt in der Unendlichkeit
des reißenden Flusses.

Hand in Hand betreten wir die von uns
errichtete Brücke -
sie trägt uns mit Leichtigkeit.

Die Mauer

Zwischen dir und mir steht eine hohe Mauer.
Sie trennt uns.
Zwischen dir und mir steht eine Mauer,
die ich nicht durchbrechen kann.
Ich habe versucht, sie einstürzen zu lassen,
doch stattdessen legtest du eine weitere Reihe Steine auf.

Dir näher zu kommen, wurde immer schwerer.
Du schienst dich immer mehr, immer weiter von mir zu entfernen.
Tag für Tag versuchte ich, diese steile Mauer zu erklimmen,
um die Chance wahrnehmen zu können, einen Blick dahinter zu werfen.
Ich habe es aufgegeben, dich hinter dieser Mauer zu suchen.
Meine Hoffnung ist verflogen, die Hoffnung, dich jemals zu erreichen.

Aus der Ferne beobachte ich dich jetzt.
Die Hoffnung, dass du weißt, dass ich für dich immer erreichbar sein werde,
habe ich jedoch nicht aufgegeben.

Tiefe Gefühle

Tanzen mit dir in den nächsten Morgen -
nur mit dir, hab´ weder Kummer noch Sorgen.
Lachen mit dir und fröhliche Tage verbringen,
du lässt mein Herz mit dem Sonnenschein singen.
Der Wind, er zärtlich uns umweht,
er fängt die Minuten, so dass uns keine entgeht.
Tränen, die nur Freude beschreiben,
Wellen der Liebe, die uns weiter forttreiben.
Versinken im Ozean der Zärtlichkeit,
alles zu geben, dazu sind wir bereit.
Küsse, die tief ins Herz vordringen,
meine Seele berühren und sie zum Lachen bringen.
In den Augen ein feuriger Schein,
tiefe Gefühle müssen dies sein.
Zwischen Träumen und Realität
unser beider Verlangen steht.
Lass die Liebe niemals entschwinden,
lass unsere Gedanken zueinander finden.
Lass uns verweilen in der Unendlichkeit, im Niemandsland,
an den Klippen der Nacht, an des Welten-Ufer-Rand.
Das, was uns verbindet, wird niemals vergeh´n,
der Glaube der Liebe bleibt ewig besteh´n.

Sklave der Leidenschaft

Lass' mich doch bei Mondenschein,
deiner Triebe Opfer sein.
Nimm mich, halt mich -
eine Glut durchläuft mich.
In Wellen der Lust
mich dir ergeben -
Freuden und Qualen intensiv erleben.
Was sagen deine Augen,
wenn der Schein auf sie hernieder fällt,
Finsternis dein Gesicht entstellt,
die Geilheit dir die Stimme nimmt,
was sagen sie, wenn sie doch blind?
Das Zucken deiner Fasern,
pulsierend auf der Haut -
berauschen meine Sinne,
die Sinnflut der Ohnmächtigkeit -
aufgebaut,
aus Wogen der Nacht.
Übermächtig das Verlangen,
das Besitzen des anderen Körper,
unser Geist entflieht in dunkle Schatten,
egoistisch nehmen wir, was wir begehren.
Vergessen die Gegenwart,
versinken im schwarzen Meer
der Erniedrigung und empfinden Freude dabei.
Sklave der Leidenschaft -
hass' mich, aber wenn du mich nimmst,
gib alles von dir.
Immer und immer wieder ...

Endlose Straße

Eine lange Straße –
Dunkelheit, Nebel hängt in den Bäumen,
eine lange Straße –
viel Zeit um nachzudenken.
Die Straße will nicht enden und meine Gedanken
lassen sich auch nicht aufhalten.
Es regnet.
Regentropfen oder Tränen – ich weiß es nicht,
nur mein Gesicht ist feucht.
Jede einzelne Träne deinetwegen.
Oder ist sie nicht der Grund?
Wie oft hat sie dich sitzen gelassen?
Wie oft bist du zu ihr zurückgekehrt?
Das Laternenlicht wirft lange Schatten.
Habe ich endlich das Ende der Straße erreicht?
So sehr, wie du sie liebst – diese Liebe tut in meinem
Herzen unendlich weh.
Jeder Blick, den du ihr zuwirfst, ist wie ein Messerstich.
Oh, wie sehr wünschte ich, du würdest mich mit
diesen Augen ansehen.
Immer wieder verzeihst du ihr, jeden Fehler den sie macht.
Aber ich glaube, das macht die Liebe.
Ich weiß, ich kann dir nie böse sein, wenn du sie so ansiehst.
In meinen Augen steht derselbe Ausdruck,
wenn ich dich anschaue.
Ich bin in dich verliebt, so wie du in sie verliebt bist.
Auch ich würde dir vieles verzeihen,
so wie du ihr immer verzeihst, weil ich dich liebe.
Was macht meine Straße?
Immer noch dunkel, nass und kalt.
Ich weiß, sie wird erst hell und freundlich werden,
wenn du am Ende stehst und auf mich wartest.
Ich wünsche mir den Tag so sehr herbei
und hoffe, dass du mir auch einmal die
Chance gibst, dir zu zeigen, wie viel du mir bedeutest.
Hilf mir dabei, endlich diese Straße hinter mir zu lassen!

Mit dir

Mit dir auf einer Wiese liegen,
den Grashalm in den Fingern biegen,
den frisch gemähten Rasen riechen,
mit dir auf allen Vieren kriechen,
mit dir auf hohe Berge steigen
und dir von dort den Kirchturm zeigen,
den Fliegern hinterher zu schauen,
den Uhren ihre Zeiger klauen,
mit dir auf ein Papier zu kritzeln
und über Wolkenbilder witzeln,
die schönste Blume mit dir suchen
und über leere Worte fluchen,
mit dir dem Wind am Abend lauschen,
stille Blicke mit dir tauschen,
im Schatten großer Bäume stehen,
mit dir den hellen Mond ansehen,
mit dir in hohe Wellen tauchen
und dich als Rettungsring gebrauchen,
das Salz auf deinen Lippen schmecken,
den Sonnenstrahl mit dir entdecken,
mit dir möcht' ich die Wünsche teilen
und deshalb auch schnell zu dir eilen.

Wir treffen uns im Rosengarten,
ich werde dort nun auf dich warten.

Kuss aus einer anderen Welt

Im Strudel der Gegenwart bat ich den Wind,
mir einen Kuss aus einer anderen Zeit zu schicken.

Als sich die Tür öffnete, lagen mir die Erinnerungen
längst vergangener Tage zu Füßen.

Fest schlossen sich die Worte um meine Fesseln,
als ich über die Schwelle trat.

Schnell sank die Vergangenheit über mein Herz hernieder
und ließ mich den Kuss der Zukunft erahnen.

Sonnenschein

Tief in meinem Herzen –
unendliche Trauer,
nach außen hin –
lachender Sonnenschein –
ein Stich, der durch den ganzen
Körper geht und im Herzen endet.
Der Schmerz will mich davontragen.
Mein Sonnenschein darf aber nicht verblassen –
er muss doch auf jeden Fall halten.
Tränen drohen mich zu übermannen,
doch das darf nicht sein.
Nie sollst du sehen,
wie tief du mich verletzt hast.
Nie darfst du wissen,
dass du es geschafft hast,
dass ich so stark für den Sonnenschein
auf meinem Gesicht kämpfen muss.
Nie darfst du wissen, wie sehr ich dich liebe.

Verändert

Erst hat mich deine Art fasziniert:
deine Art zu reden,
dein Verhalten,
deine Gesten,
dein Mitgefühl für andere Menschen.
Konnte gut mit dir reden,
du erzähltest mir aus deinem Leben und gabst mir Mut.
Deine Ansichten nahm ich in mir auf, sie waren so wertvoll und wichtig.
Alles verlief so leicht und unkompliziert mit dir.
Plötzlich hat sich etwas verändert.
Heute saß ich neben dir und konnte mich nicht mit dir unterhalten.
Ich konnte dich auch nicht anschauen und hatte Angst vor jeder Bewegung.
Plötzlich hatte ich Angst davor, so zu sein, wie ich bin,
Angst davor, etwas falsch zu machen und dich damit zu enttäuschen.
Am meisten hatte ich aber davor Angst, dass du mir meine neuen Gefühle
dir gegenüber ansehen könntest.
Doch gerade mein Schweigen – in eigentlich unbedenklichen Situationen –
wird mich verraten.
Du hast mein Herz mit deiner Art gefangen, es ist gefüllt mit Freude und Wärme.
Du gibst mir Mut mit deiner Nähe.
Aber es hat sich etwas verändert.
Jetzt denke ich nicht mehr nur über deine Art nach,
sondern du selbst, gehst mir nicht mehr aus dem Kopf.
Deine Augen, die mich immer so anschauen,
mit einem Blick, der einem den Verstand raubt.
Dein Mund, der nach einer süßen Verlockung ruft.
Dein Lächeln, welches mich nachts nicht zur Ruhe kommen lässt.
Deine starken Hände, von denen ich gehalten werden will,
das Gefühl, das mich dann durchflutet.
Das Fallen und Schweben,
die Röte in den Wangen und das pure Gefühl, dir so nah zu sein.
Du füllst nun meine Gedanken aus.
Die Zeit kriecht dahin, wenn du nicht bei mir bist.
Ich sehne mich so nach dir
und was mich am Anfang glücklich machte, reicht mir nicht mehr aus.
Du hast mich so mit deiner Art gefangen,
hast dich einfach in mein Herz geschlichen
und ich werde dieses neue Gefühl einfach nicht mehr los.
Etwas hat sich verändert für mich.
Ich muss dich wieder sehen, so wie früher –
mit anderen Augen.
Nur mit den Augen und nicht mit dem Herzen.
Es hat sich zu viel verändert.

Kein Wort

Sei still, ich will sie nicht hören,

deine Worte,

die mir tief ins Herz fahren.

Sei still, ich will nicht hören,

dass du mich

nicht mehr liebst.

Sag´ kein Wort –
spare dir deine Entschuldigungen,
deine schwachen Versuche,
dich irgendwie
ins rechte Licht
zu stellen.

Sag´ kein Wort –
stottere dir nicht deine
Wünsche und Vorstellungen
von der Seele,
wie unsere Beziehung
hätte sein sollen.

Sag´ kein Wort –
schau´ mich nicht
mit diesem Blick an,
der die Gründe
deiner Entscheidungen
bei mir sucht.

Sag´ kein Wort –
geh´ deinen Weg
und nimm den Schmerz
von meiner Seele,
damit die Wunde
in meinem Herzen
heilen kann.

Lass mich nicht allein

Nicht hier, wo die Bäume die Wolken berühren

und ihre Schatten in mir die Ängste schüren.

Nicht hier, wo die Blumen schwarze Blätter tragen

und deren Demut und Leere mich zutiefst plagen.

Nicht hier, wo der Regenbogen die Bahnen zieht in Grau

und somit verstellt dem Himmel sein Blau.

Nicht hier, wo die Vögel vergessen haben zu singen,

ich fühl´ mich gefesselt, gebändigt durch Schlingen.

Nicht hier, wo das Lachen hinter den Türen verschwand

und niemand nun gibt mir seine Hand.

Lass mich nicht allein zurück,

denn wenn du gehst, geht auch mein Glück.

Bleib´ bei mir oder nimm mich mit,

ein Stück auf deinem weiten Ritt.

Was machen wir stattdessen?

Was machen wir stattdessen –
Keks und Schokolade essen?
Was mache ich mit dieser Zeit,
in der du mir dann nicht mehr bleibst?!
Was machst du von mir so entfernt,
so mich Dein Herz dann nicht mehr wärmt.

Die Sonne scheint mir auf die Nas´,
ich glaub nicht an den Osterhas´.
Ich glaub nicht an den Weihnachtsmann,
Pinocchio auch nicht lügen kann,
doch eins frag ich mich immerzu,
da ich nicht finde meine Ruh´:

Was machen wir stattdessen –
singen, träumen, Zeit vergessen?
Was mache ich, wenn das nichts bringt
und mir kein klares Wort gelingt?!
Was machst du, wenn ich dich nicht seh´?
Was mach´ ich ohne gute Fee?

Die könnt´ dich wieder zu mir holen,
der Schuster meine Schuh´ besohlen.
Mit einem Schritt die 7 Meilen,
könnt´ ich ganz fix dann zu dir eilen,
doch da dies hier kein Märchen ist,
such´ ich die wirklich gute List.

Was machen wir stattdessen,
statt Keks und Schokolade essen?
Was mache ich stattdessen,
statt diese, schöne Zeit vergessen?

Ich such´ den Zauber deiner Worte,
den ganz besond´ren dieser Sorte.
Das Leuchten deines Blickes dann,
färb´ ich in roter Farbe an.
Die Sehnsucht meiner Stunden,
hab´ ich schon längst gefunden.
Ich misch´ sie mit dem schönsten Lächeln an,
das nur von deinen Lippen kommen kann.
Die Melodie, die mein Herz jetzt hört,
den Zauber nun heraufbeschwört.
Ich rühr´ sie sacht dem Pulver unter,
Blütenfarben machen es dann bunter.

Damit back´ ich nun einen Kuchen,
lass dich ein Stück davon versuchen.
Der Schleier fällt nun von den Augen nieder,
die klare Sicht hast du dann wieder.
Der Nebel zieht sich nun zurück,
ganz offen, weit wird dann dein Blick.

Kannst du mich hören, sehen, spüren?
Wird dich der Zauber zu mir führen?

Was mache ich stattdessen,
statt diesen leck´ren Kuchen essen?!
Ich hab´ wohl schon zuviel probiert,
gefühlt, gezeigt und auch riskiert.
Wisch´ mir dann meinen Mund ganz sauber
und suche nach ´nem Gegenzauber,
der mich befreit von diesem Bann,
dass ich nicht ohne dich sein kann.

Gestern und Heute

Gestern:
    Tiefe dunkle Wolken am Himmel,
    ein kalter Wind weht,
    es regnet in Strömen –
    doch ich ziehe mir meine Kapuze
    über den Kopf und ein Lachen huscht
    über mein Gesicht –
    ich bin glücklich,
    denn die Sonne kommt aus dem Herzen.

Heute:
    Blauer Himmel, milde Luft,
    warme Sonnenstrahlen, die meine
    Haut streicheln,
    herrlicher Sonnenschein den ganzen Tag –
    doch eigentlich nehme ich das alles nicht wahr.
    Wo ist meine Sonne geblieben?!

Nie wieder

NIE wird es so sein wie früher,
so locker, so einfach, so offen.
Du hast den Glauben daran zerstört.
Wenn wir uns jemals wiedersehen,
es kann NIE WIEDER so sein wie früher...

Wie konntest du so ein Vertrauen zerstören –
Vertrauen, das ich zu dir hatte.
NIE WIEDER wird es so sein.

NIE WIEDER wirst du diese Worte ungeschehen
machen können,
NIE WIEDER können neue Worte von dir
so klingen wie vorher.

NIE WIEDER!

Warum hast du das getan?
Ich hoffe, es war endgültig.
Ich will keine falschen Worte mehr
von dir hören –
NIE WIEDER!

Unüberlegt

Unüberlegt –
durch Gefühle und Gedanken getrieben,
habe ich einen Fehler gemacht
und zuviel riskiert.

Unüberlegt –
durch Gefühle und Gedanken getrieben,
hast du den Fehler wiederholt
und nichts verstanden.

Ich habe deine Freundschaft verloren
und
du hast meine Liebe verschenkt.

Egoistisch

Egoistisch,
eine entstandene Freundschaft - auf Grund seines eigenen Stolzes - wegzuwerfen.

Egoistisch,
den kürzesten und einfachsten Weg der eigenen Person zu wählen.

Egoistisch,
es lautlos zu sagen, ohne Konsequenzen und Widerwillen.

Egoistisch,
sich einfach das Recht einzuräumen, zu gehen und alles hinter sich zu lassen.

Egoistisch,
sich nicht über die Folgen, Gedanken zu machen.

Egoistisch,
nicht an den anderen Menschen zu denken, dem du einmal so viel bedeutet hast
und welcher dir einmal so nah stand.

Egoistisch,
zu gehen und
sich mit keiner anderen Meinung auseinandersetzen zu wollen -
und nicht versuchen zu wollen, den anderen zu verstehen,
um gemeinsam dagegen anzugehen.

Egoistisch,
weil du dich unverstanden fühlst.

Egoistisch,
weil du dich nicht umsiehst, weil du mich nicht mehr siehst.

Egoistisch,
weil du denkst, du bist allein.

Der Regenbogen

Ich stand ganz oben auf dem Regenbogen –
auf dem Höhepunkt des Glücks, der Sonne so unendlich nah.
Jede Farbe so voller Freude, Herzlichkeit und Wärme.
All diese Empfindungen umspülten mein Herz.
Ich war so unendlich sicher und fühlte mich überhaupt nicht allein,
als ich begann, die erste Stufe zum Höhepunkt des Glücks zu erklimmen.
Mit jeder Stufe kam ich auch dir ein wenig näher.
Als ich oben ankam, umspülte mich die Sicherheit,
ganz fest auf dem Regenbogen zu stehen.
Glaubte, dass mich nichts von dem Glück, das ich mit dir hatte, trennen könne.
Doch dann tat ich einen falschen Schritt.
Einen viel zu großen, am Rand des Regenbogens vorbei.
Ich verlor meinen Halt.
Spürte, wie ich den langen Bogen - viel zu schnell - hinunter rutschte.
Ich fiel und fiel...
Hatte nicht die Kraft, mich irgendwo festzuhalten.
Auch du gabst mir deine Hand nicht zum Halt.
Du hast dich sogar noch einen Schritt weiter von mir entfernt.
Ich habe nach dir gerufen, doch mein Schrei verlor sich an den Scherben
des Regenbogens.
Einen Schacht hinunter, stürzte ich in diese unendliche Tiefe.
Mein Bewusstsein wurde von Angst und Kälte kontrolliert.
Ich landete hart!
Doch nach einer Neuorientierung nahm ich meine ganze Kraft und meinen
ganzen Mut zusammen und wagte mich wieder daran, die erste Stufe des
Regenbogens zu besteigen.
Ich weiß, dass der Weg nach oben lang und steinig ist, aber ich habe Geduld,
Mut und Zeit.
Irgendwann werde ich wieder von oben über alles hinwegschauen können.
Ich werde behutsam und umsichtig gehen, damit ich die Balance finde und
halte, dann werde ich der Sonne wieder so nah sein, dass ich ihre Wärme spüre
und mein Herz wird wieder vor Freude tanzen.

Erinnerung

Du kommst, redest mit mir,
deine Augen schauen mich an, du lachst,
ich lache mit dir, eine heiße Glut läuft über meine Haut.
Du gehst, ich bin allein,
eine Kälte, die mich fast erfrieren lässt,
umgibt mich -
Einsamkeit.
Ich schließe meine Augen, versuche, die Gefühle wieder
einzufangen.
Doch du bist nicht da und die Erinnerungen sind anders,
sie genügen nicht, mir das Gefühl zu geben,
als wenn du in meiner Nähe wärst.

Allein mit meinen Träumen

Die Zeit ist so schön –
so verträumt, eingehüllt in einer weißen Pracht.
Alles schläft und träumt unter dieser weißen Decke.
Mein Herz ist auch gefangen –
gefangen von dieser Zeit.
Es ruht alleine unter dieser Seeligkeit.
Es träumt.
Es träumt von dir.

Keine Aussicht

Ein Spiel ohne Regeln,
ein Weg ohne Ziel,
reden ohne Worte,
suchend im Dunkeln...

Ein Spiel, bei dem man nicht gewinnen kann,
wenn man nicht gegen die Regeln spielt.
Es gibt keinen Weg, der mich ans Ziel führt.
Versuche, mit dir - ohne Worte - zu reden,
doch wenn du mir antwortest, verstehe ich dich nicht.
Ich suche im Dunkeln nach einem Weg,
der mich zu dir führt.

Langsam fallend

Schwerelos, getrieben,
wie die Blätter im Wind,
sanft getragen und doch
langsam fallend,
fühle ich mich in all den
Stunden, die ich ohne
dich bin.

Wunderschön tänzelnd,
wie der Schnee im Schein
des Mondes,
Blumen malend und doch
langsam fallend,
fühle ich mich in all den
Tagen, die ich ohne
dich bin.

Glänzend von innen,
wie die Tropfen
im Gras, funkelnd
wie Sterne am
Himmel der Nacht und
doch langsam fallend,
fühle ich mich in all den
Wochen, die ich ohne
dich bin.

Romantik im Blut,
Poesie im Gemüt,
wie Musik aus der Ferne,
die durch die Lüfte zieht,
berauschender Rhythmus,
jedoch langsam fallend,
fühle ich mich,
ohne ein Wort von dir,
bis zum endgültigem
STILLSTAND.

Tot - doch ich lächle...

Lächeln, ich bin tapfer.
Lächeln, es geht an mir vorbei – es berührt mich überhaupt nicht.
Lächeln, denn du wirst keine Träne, keine einzige von mir sehen.
Lächeln, denn niemand wird mir mehr so wehtun können wie du.

Meine Seele zerspringt,
mein Körper verglüht,
meine Gedanken zu Asche und
mein totes Herz lächelt.

Schau hin -
ich lächle über deine Worte!
Doch schaust du genauer hin, wirst du sehen:
Meine Augen sind tot – zersprungene Spiegel in tausend Scherben.
Mein Herz ist tot – herausgerissen aus meinem Körper.

Ich stehe dir gegenüber und lächle – neben mir steht mein wahres ICH.
Ich muss es stützen – es ist so schwer, doch ich will nicht,
dass es mich mitreißt.
Ich will mich dir nicht zeigen.
Heute hast du mir den Tod in mein Herz geschickt,
ich werde es niemals vergessen.
Doch ich lächle dich an, denn ich weiß, ich werde ihn besiegen....

Verstand

Du bringst mich um den Verstand.
Meine Selbstkontrolle schwindet dahin, sobald du bei mir bist.
Mein Herz beginnt zu rasen und das Blut steigt mir in die Wangen.
Meine Augen strahlen, meine Hände zittern.
Du müsstest es längst bemerkt haben, was du für ein Durcheinander in mein
Gefühlsleben bringst.
Die Gedanken kreisen um dich – Träume von einer gemeinsamen Zeit.
Erinnerungen, die uns verbinden, die Zukunft bleibt ein Traum.
Ich schwimme in diesen Gefühlen zu dir, wie in einem warmen Bad –
tauche unter, blind, aber ich fühle diese Wärme.
Ich genieße deine Nähe, wie die zärtlich, hellen Sonnenstrahlen,
blind, aber ich spüre sie deutlich auf der Haut.
Es pulsiert, es lebt, es wächst – die Liebe, das Verliebtsein.
Ich lebe diesen Traum für mich – im Stillen.
Du müsstest es längst bemerkt haben, diesen verklärten Blick,
das Verlangen in mir.
Ich verstecke es, so gut es mir möglich ist, denn du hast deinen Weg gefunden.
Du stehst fest in deinem Leben und träumst anders, lebst anders,
denkst und fühlst anders.
Beneidende Gefühle gegenüber der Frau, mit der du dein Leben teilst.
Doch ein Blick, ein Lächeln von dir, bringt mich um den Verstand.
Ich genieße dieses Hoch und Tief der Gefühle.
Ich lebe für deine Blicke, deine Worte, deine kurz gehaltene Nähe...
Ich liebe es - dieses Verlangen in mir, nach dir - zu spüren –
dieses „Vielleicht", dieses „Eventuell".
Ich liebe es, mit dir alles zu tun, was ich will.
Immer anders erleben, so wie ich es fühle -
ohne Tabu, ohne Zwang und ohne Pflichten.
Ich spüre deine Küsse, deinen starken Körper, so wie ich es will.
Ich hole dich zu mir, wann immer ich dich brauche.
Ich fühle dich, wann immer ich dich will.
Du bist bei mir, auch wenn ich dich nicht sehe,
aber ich tauche und fühle, ich genieße und spüre.
Dieses Gefühl nimmt mir keiner und ein Verbot setzt mir keiner.
Aber den Versuch dieses Verlangen, dieses Denken in die Tat umzusetzen,
endlich diesen Traum wahr werden zu lassen, zu ignorieren,
erfordert viel Selbstbeherrschung und Kraft.
Du nimmst mir jene Selbstbeherrschung und
so ist es umso schwerer zu schweigen.
Du, der mir jeden klaren Gedanken raubt.
Du, der mit seinen Blicken ein „Vielleicht" offen lässt –
und schon wieder schwindet der Verstand...

Deine Schwäche

Er hat dich belogen und betrogen und dann hat er dich verlassen.
Er hat dir mit seinem Verhalten sehr wehgetan
und du wurdest tief verletzt.
Er war nicht ehrlich zu dir und hat dein Vertrauen,
welches du in ihn gesetzt hast, ausgenutzt.
Er hat sich lange Zeit nicht entscheiden können.
Er ging zwei Wege zur selben Zeit, wusste nicht,
welcher von beiden der richtige für ihn sein würde.
Er hat sich entschieden.
Er hat das Wort, welches er damals vor Gott gegeben hat, gebrochen.
(Warum das alles?)

Ich bewundere dich dafür, dass du ihm so schnell verziehen hast,
dass du wieder ruhig mit ihm reden kannst.
Ich bewundere dich dafür, dass du deinen eigenen Stolz unterdrückst,
und keinen Streit über vergangene Geschehnisse mit ihm anfängst.
Ich bewundere dich dafür, dass du ihm keine Fehler,
die er im Zweifel getan hat, vorwirfst.
Dein ganzes Verhalten beweist Stärke.

Manchmal zweifle ich aber dennoch an deiner Stärke,
ich denke, die Zeit hat dich vergessen lassen.

Ich frage mich, wie groß deine Stärke wirklich ist.

Die Stärke, um ihm seine Handlungen zu vergeben,
nimmst du aus deiner Schwäche,
mich für alles verantwortlich zu machen.

Infiziert (Verliebt)

Herzklopfen in deiner Nähe,
Blicke, die dich suchen.
Worte, die du sagst, sauge ich in mir auf.
Spaziere wie auf Sonnenstrahlen, lächelnd
durch die meine Welt,
getragen vom Wind der Leichtigkeit,
durch die Stille des Seins.
Taumelnd im Glück der verliebten Stunden,
der Blick verschleiert, betörende Musik für die Sinne.
Doch der Sinn der Zeit geht verloren.
(ein reines Verkleidungsspiel)
Bist du hier:
Wie im Sande verlaufen die Stunden,
kleiden sich im Mantel der Sekunden.
Bist du fort:
Sekunden erscheinen jetzt wie eine Ewigkeit.
Welchen Mantel tragen sie;
den der Stunden, Tage, Wochen... ?
Die schönste Zerreisprobe, die man kennt.

Realistisch und kühl – man merkt dir nicht an,
dass du an den gleichen Symptomen leiden könntest –
schaust du mich an.
Ich möchte dich mit diesen Gefühlen anstecken,
dich infizieren.
Möchte, dass es dir ergeht wie mir,
ich möchte dieses Gefühl teilen mit dir.
Tief schaue ich dir in die Augen, tief und tiefer,
schwimme schon im Blau deiner Iris.
Ich sende dir eine Nachricht, mental
und die Zeit steht still.
Nichts nehme ich um mich herum wahr,
nur der Boden unter meinen Füssen scheint zu schwanken.

Ein Kribbeln im Bauch, die Schmetterlinge sind wieder gestartet,
hoffentlich lassen sie sich ein wenig unter Kontrolle bringen
(weitere Symptome meiner Gefühle).
Unsicherheit in deinem Blick, aber der Abstand schwindet,
(oder nicht?). Er wird kleiner und kleiner.
Die Grenze der Geduld wird stark beansprucht.
Ich schließe die Augen, ich muss jegliche andere
Wahrnehmung aussperren, denn es ist mehr, als meine
Sinne verarbeiten können.
Es ist soweit:
Ich spüre es, ich fühle es, es durchströmt meinen ganzen Körper.
Überall Wärme, angefangen vom kleinen Zeh,
bis hoch in die letzte Haarspitze.
Ich schwanke, mein Blut ist am wallen, es brodelt, es kocht.
Ich glaube, ich falle, ich muss mich an dir festhalten.
Schwindelig vor Glück und bin kaum fähig mich
von dir zu lösen.
Sprachlosigkeit / Ratlosigkeit;
hast du dich angesteckt?

So viel zu sagen

Was ich fühle, möchte ich dir sagen,
was ich denke auch.
Ich möchte dir sagen,
was ich mit dir tun will
und was du für Gefühle in mir
auslöst, wenn du in meiner Nähe bist.
Ich möchte dich berühren,
möchte bei dir sein, so nah,
um deinen Atem zu spüren.
Ich möchte in deine Augen sehen
und an deinen Lippen hängen,
um jedes Wort von dir aufzusaugen.
Sehen möchte ich dich, so oft es geht,
damit meine Gedanken an dich nicht verblassen.
Träumen möchte ich von dir,
wenn du nicht bei mir bist.
Möchte dein Bild so gut es geht festhalten,
um mir dein Lachen zu bewahren.
„Geh nicht!" schreit es in mir,
wenn du dich umdrehst.
Ich möchte es sagen,
doch ich schaffe es nicht.
Ich möchte die Tage anschieben,
sie schneller vergehen lassen.
Die Stunden, die Minuten ohne dich
sind mir zu lang.
Dass die Sehnsucht
mich ganz klein macht,
möchte ich dir sagen.
Dass ich warte, nur noch warte
auf eine Zeit mit dir.
Ich möchte deine Haut berühren,
möchte dich spüren,
ganz nah bei mir.
„Halt mich!" schreit es in mir,
wenn du dich umdrehst.
Ich möchte es sagen,
doch ich schaffe es nicht.
Ich möchte, dass du mich
ansiehst, in meine Augen siehst,
um meine unausgesprochenen Worte
in meinem Gesicht ablesen zu können.
Möchte, dass du die Grenze der
Ungewissheit überschreitest und
die Mauer des Schweigens durchbrichst,
damit ich es endlich schaffe,
dir all das zu sagen.

WAS?

Was denkst du,
was lenkst du,
was machst du mit mir?
Was fluchst du,
was suchst du,
was findest du hier?

Was siehst du,
was liest du,
was steht zwischen den Zeilen?
Was fragst du,
was sagst du,
lass´ es uns teilen!

Was hältst du,
was stellst du,
was rückst du ins Licht?
Was lachst du,
was machst du,
oder auch nicht?

Was gehst du,
was stehst du,
im Kreis und so still?
Was fühlst du,
was ahnst du,
was ich von dir will?

Was gibst du,
was schenkst du,
was lässt du mich hoffen?
Was nimmst du,
was raubst du,
lass das Ende doch offen!

Allein

(unverstanden)

Allein

Anders als andere
Leute
Lache ich.
Einsamkeit
In mir, die
Nicht weichen will.

Phantasie

Der Schein der Sonne fällt durch das Fenster
in das dunkle Zimmer.
In der dunkelsten Ecke sitzt ein Mädchen und weint.
Sie versteckt sich vor der Kälte der Nacht.
Der Sonnenstrahl bewegt sich auf sie zu,
er schleicht sich an sie heran.
Das Mädchen hat ihn bemerkt, auch wenn er noch so leise war, und blickt ihn an.
Sie lässt ihn auf sich zukommen.
Der Sonnenstrahl füllt nun die Ecke aus, erleuchtet sie
und das Mädchen wird von ihm umarmt und gewärmt.
Sie lächelt still vor sich hin,
denn er hat ihr Herz berührt und spricht ihr Mut zu.

... mit anderen Worten

In der dunkelsten Ecke eines Raumes sitzt ein Mädchen und weint.
Ihr ist kalt und sie fühlt sich allein.
Sie versteht nicht, dass alles so sein muss, wie es ist -
dass alles scheint, doch niemals ist.
Alles so undurchsichtig zu verstehen, keine Antworten mehr,
die ihr helfen.
Sie ist so unendlich traurig.
Langsam wird die Tür geöffnet,
vorsichtig schaut jemand in den dunklen Raum.
Licht fällt vom Korridor hinein und die dunkle Ecke
wird erhellt.
Das Mädchen schaut auf, sie hat ihren Vater bemerkt,
der sich an sie herangeschlichen hat, auch wenn er noch so leise war.
Sie lässt ihn auf sich zukommen und blickt ihn an.
Er umarmt sie und hält sie fest.
Sie fühlt, wie Geborgenheit ihren Körper durchströmt und sie weiß,
sie ist nicht allein.
Er wird immer bei ihr sein, auch, wenn alle anderen gehen.
Ein Lächeln legt sich auf ihr Gesicht.

Alleinsein

Traurigkeit breitet sich in mir aus.
Ich merke, wie mein Herz schwer wird und
wie sich meine Augen mit Tränen füllen.
Sehe die Welt nur noch durch einen Schleier.
Alles ist eins, keine eindeutigen Bilder lassen sich erkennen.
Ähnlich sieht es in meinen Gedanken aus.
Zu vieles geschieht auf einmal, was sich nicht zusammenfügen lässt.
Fühle mich allein gelassen,
allein in meiner eigenen kleinen Welt.
Meiner Welt, die ich so gerne mit dir teilen möchte.
Jedoch gibst du dich nicht zu erkennen.

Wie oft habe ich versucht,
zu zeigen, wer ich bin, dass ich da bin.
Mein Herz stand offen, jedoch hast du nie hinter der geöffneten
Tür das brennende Licht gesehen.
Ich frage mich, ob es sich lohnt, mich weiter
am Strohhalm der Hoffnung fest zu klammern,
da der Glaube in mir verschwunden ist,
dass du mich je finden wirst.

Schmerz

Es schmerzt –
es schmerzt im Kopf, im Bauch, im Herzen.
Der Schmerz hat viele Namen –
erst Trauer, Tränen, lautlose Schreie der Verzweiflung und Ratlosigkeit.
Hoffen, Bitten, Flehen, Erniedrigung des eigenen Stolzes
gefolgt von der Gleichgültigkeit der Sache, dann
Kälte und Verschlossenheit gegenüber Neuem,
Wut, unüberlegte Worte und Taten –
Emotionen im Kampf.
Es schmerzt –
es schmerzt im Kopf, im Bauch, im Herzen.
Um nichts Falsches, Unüberlegtes zu tun,
um nicht von Emotionen geleitet zu werden,
um das Ende offen zu halten –
wartet man.
Emotionen im Kampf und der Schmerz dauert an.
Doch besiegt die Zeit den Kampf
und das Denken die Verwirrung,
das Leben den Schmerz,
dann durchfluten die Emotionen der Freude der Vergessenheit,
die Lust auf Neues,
der Stolz der Stärke und Ausdauer, den Schmerz besiegt zu haben,
den ganzen Körper und die ganze Seele.
Es schmerzte –
es schmerzte im Kopf, im Bauch, im Herzen.
Die Zeit besiegt den Schmerz.

Manchmal – ohne wenn und aber

Manchmal, wenn ich auf einer Weide Pferde stehen sehe,
überlege ich, wie es wäre,
auf einem Rappen zu reiten,
aber ich habe noch nie auf einem Pferd gesessen.

Manchmal, wenn ich in einem Auto an einem Wald vorbei fahre,
überlege ich, wie es wäre,
so zu leben wie Robin Hood,
aber er ist nur eine Legende.

Manchmal, wenn ich mir meine Urlaubsfotos aus Frankreich anschaue,
überlege ich, wie es wäre,
noch einmal in dieses Land zu fahren,
aber noch bin ich zu jung dafür.

Manchmal, wenn ich meine Lieblingsserie
„Die Dornenvögel" im Fernsehen anschaue,
überlege ich, wie es wäre,
wenn ich an Richard Chamberlains Seite gespielt hätte,
aber er kennt mich nicht einmal.

Manchmal, wenn ich eine Todesanzeige in der Zeitung lese,
überlege ich, wie es wäre,
die Welt von außen zu betrachten,
aber ich habe noch mein ganzes Leben vor mir.

Manchmal, wenn ich alleine in meinem Zimmer sitze,
überlege ich, wie es wäre,
jemanden an meiner Seite zu haben, der mich versteht,
aber heute brauche ich nicht traurig sein,
denn ich werde noch viele Bekanntschaften machen.

Manchmal, wird alles um uns herum klein
und wir vielleicht dadurch ein bisschen größer,
dann fällt das Wenn und Aber in sich zusammen.

Das ist die Gelegenheit, die wir ergreifen müssen,
ehe sie vorüber zieht,

Ohne Wenn und Aber!

Nicht weinen!

Nicht weinen!
Eine Träne zeigt Gefühle.
Gefühle zeigen Schwäche.
Schwäche wird ausgenutzt.
Nicht weinen!

Nackt

Verpflichtungen und Verantwortungen -

abstreifen, loslassen, ausblenden, vergessen,

nur für einen Moment.

Damit ich sagen kann,

was mir wichtig ist,

ohne an die Konsequenzen denken

zu müssen.

Mich frei fühlen, losgelöst,

nur noch ich sein -

völlig nackt.

Damit ich tun kann,

was mir wichtig ist,

ohne schlechten Gewissen.

Einmal nur möchte ich

meinen Egoismus entblößen

und mich zeigen

wie ich bin –

völlig nackt.

Kalt wie blaues Eis

Kalt sein, kein Vertrauen schenken –
Niemandem!

Kalt sein, für sich leben, ganz allein –
Ohne Jemanden!

Kalt sein, keine Gefühle zeigen, hart sein –
Vor Jedem!

Ohne Rücksicht!
So, nur so, wird man selbst nie verletzt werden.

Lasst mich doch so sein –
Kalt wie blaues Eis!

Ich mag nicht...

Ich mag keine Leute,
die lachen,
wenn ich weine.

Ich mag keine Leute,
die traurig sind,
wenn ich lache.

Und ich mag es auch nicht,
dass ich so denke.

Selbstgericht

Die Kälte schlägt mir ins Gesicht,
die Nachtluft kriecht mir ins Gewand,
ich zieh mit mir heut´ vor Gericht
und reich dem Unmut meine Hand.

Der Zweifel läuft mir hinterher,
das Denken läuft im Kreis herum,
die Last des Glaubens ist so schwer,
im Raum die Frage des „Warum?".

Der Schleier vor dem Auge,
die Blätter fallen von den Bäumen nieder,
die Hoffnung meine Seele sauge,
geh´ ich die alte Straße wieder.

Die Dunkelheit umgibt mich eng,
ich lauf´ ein wenig schneller,
das Selbstgericht ist ziemlich streng,
tief eingesperrt im Keller.

Ich warte auf die Sterne,
die mich nach Hause führen,
so weit in dieser Ferne
und zart mein Herz berühren.

Ich hoffe auf die Führung,
hinaus aus dieser Pein,
des Fallens meiner Trübung,
befreit in meinem Sein.

Die Dunkelheit umgibt mich eng,
ich taste nach dem Wege,
das Selbstgericht ist wirklich streng,
auf den ich mich begebe.

Der Weg nach vorn, den Schritt voran,
ein Lichtstrahl dringt durch das Geäst,
den Blick zurück, den Blick bergan,
ich halt´ an meinem Glauben fest.

Hinter dem tiefen dunklen Pfad,
seh´ ich die Sonne scheinen,
sie führt mich auf den rechten Grad
und lässt mich nicht mehr weinen.

Ich bin hier

Ich bin hier bei Euch.
Ich rede mit Euch.
Ich mache mir Gedanken über Euch.
Ich versuche, Euch zu verstehen.
Ich suche Euch.
Ich kann es nicht finden bei Euch,
das Gefühl,
welches Ihr mir immer versucht zu nehmen.
Ihr versteht nicht, denn Ihr hört nicht.
Ihr hört nicht, denn Ihr versucht nicht.
Ihr versucht nicht, denn Ihr könnt nicht?
Ich bin hier.
Bitte sucht mich.
Bitte findet mich.

Und SIE haben nichts geändert an ihrem Verhalten,
nach all Deinen Bemühungen ihnen näher zu kommen?
Lauft IHR bitte nicht vor meinen Bemühungen davon.

Schmerz

Der Schmerz vergeht – irgendwann,

vom Wind verweht – bis dann,

er mich zerfrisst,

unendlich tief –

als ob ein Dolch mein Herz durchsticht,

wie hundert Jahr Dornröschen schlief.

Spiegel

Augen wie Spiegel, kalt, kein Blick ins Innere zu erwarten,
abweisend kühl.

Sie sieht ein trauriges Gesicht, glänzende Augen, voll Kummer verzerrt.
Etwas Hoffnung, ein Fünkchen Hoffnung, liegt noch in ihren Augen.

Sie versucht, mit ihm zu reden - sieht in seine Augen, versucht,
durch sie, in seine Seele zu schauen.
Doch das wird sie nicht schaffen. Er lässt es nicht zu.
Er ist kalt...

Und so blickt sie nur, durch einen Schleier von Tränen,
in zwei kleine Spiegel.
Spiegel, die auch in Zukunft nicht brechen werden.

Er wird es nie zulassen, dass sie zu Scherben zerfallen.
Nie wird er sein Inneres verraten.
Nie wird er jemanden an sein Herz lassen.

WARUM?

Keine Lust

Keine Lust mehr aufzustehen,
lasst mich fallen, lasst mich gehen.

Keine Lust, nach Mut zu suchen,
lasst mich doch die Welt verfluchen.

Keine Lust, ein Licht zu sehen,
wollt ihr mich denn nicht verstehen?

Immer wenn ich Mut gefunden,
gleich darauf war er verschwunden.

Wenn ich ein kleines Licht erhascht,
hat es die Dunkelheit vernascht.

Mir fehlt die Lust jetzt aufzustehen,
kann nur noch dunkle Wege sehen.

Keine Lust mehr aufzustehen,
lasst mich fallen, lasst mich gehen.

Vorwurf

Die Leute, die ich am meisten liebe,
mit denen mich am meisten verbindet,
werfen mir vor, dass ich zu sensibel bin, zu gefühlvoll.
Nie würde ich mich so engagieren,
nie hätte sich mein Mann in mich verliebt,
nie hätte ich dieses Buch geschrieben,
nie würde ich mir so viele Gedanken machen,
nie hätte ich Tränen vergossen,
aber auch nie wäre ich über diesen Vorwurf
so traurig gewesen wie jetzt.

Zu sensibel?
Schon einmal darüber nachgedacht,
warum ich auf Eure Worte und Handlungen
so sensibel reagiere?
Eure Worte und Handlungen verletzen mich oft.
Ihr macht es Euch sehr leicht, einfach zu sagen:
„zu sensibel", um von Eurem eigenen Verhalten abzulenken
und nicht darüber nachdenken zu müssen, über das WARUM.

Ich habe dieses „Nicht verstehen" satt. Das ist mir einfach –
zu einfach!

Natur

Seht hin!!!

Eine große Wut erfasst mich,
sagt mir doch, was kann ich tun –
sehe täglich das Entsetzen
und frage euch, was kann ich tun?

Frauen tragen nur zur Schönheit,
weil´s so edel anzuseh´n,
sich zu preisen, sich zu schmücken,
tote Tiere, die noch fleh´n.

„Seht ihr nicht, ihr blinden Leute,
  früher rannt´ ich durch die Nacht –
schaut doch nur, was ihr aus uns,
  eurem liebsten Freund gemacht!"

„Seht die Tränen nicht, die zeigten,
  welche Pein uns angetan –
  fragt euch nicht, wie wir uns fühlten,
  als das Licht wir nie mehr sah´n."

„Würden doch viel lieber laufen,
  durch die Wildnis kreuz und quer –
  hinter Bäumen uns verstecken
  und noch vieles and´re mehr."

Seht ihr mein Entsetzen nun?
Helft mir doch, was ist zu tun?
Seht, warum die Wut mich umbringt,
jedes Mal mich dieser Schmerz erreicht
und in meinem Herzen niedersinkt,
dort ewig weilt und nicht verbleicht.

Für Kosmetik Tierversuche –
Katzen, Hunde sterben dort,
angekettet, todgequält –
welch´ „ein schöner Heimatort".

Nashorn und die Elefanten
starben für ihr schönes Horn –
in der Heimat sie fort rannten,
doch der Jäger immer vorn.

Wale, Haie für die Suppe
kaum zu glauben dieser Graus –
denkt doch nur, noch ein paar Jahre
und die Arten sterben aus.

Urwaldriesen, große Pracht,
Schönheit ungezählter Jahre,
werden einfach platt gemacht,
was anderes kommt ja nicht in Frage.

Seht doch Leute, Augen auf!
Wie lang wollt ihr sie noch verschließen?
Denkt ihr wirklich so naiv,
dass die Blumen von alleine sprießen?

Giftige Flüsse, verpestete Seen,
bald kann keiner mehr darin baden geh´n.
Atomraketen werden gebaut,
über Nacht 1000 Leben geraubt.

Eine große Wut erfasst mich,
sagt mir doch, was kann ich tun?
Sehe täglich das Entsetzen,
frage euch, was ist zu tun?

Helft mir Leute,
wenn ihr die Sonne über euch liebt.
Helft mir Leute,
damit es sie auch in Jahren noch gibt.

Was wird sein?

Was wird sein in ein paar Jahren;
werden uns die Kinder fragen,
wenn wir noch mehr Qual anrichten
und den falschen Dingen pflichten.

Was wird sein in ein paar Jahren;
werden uns die Enkel fragen,
wenn wir denken nur an Geld
und nicht an diese, unsere Welt.

Was wird sein in ein paar Jahren;
müssen wir uns selber fragen,
wenn wir nur uns selber seh´n
und nicht auch andere Wege geh´n,
wenn wir schließen Augen, Ohren, Mund
und nicht suchen nach dem Grund.

Was wird sein in ein paar Jahren?
Noch können sie - wir fragen.
Was wird sein;
was werdet ihr - wir ihnen sagen?

Ein Baum

Ein Baum – eine Träne,

ein Tier – ein Schrei,

ein Ozean voller Traurigkeit
und die Welt würde taub!

Wer hat das gesagt?

Wer hat denn gesagt,
dass Gold einen hohen Wert besitzt?
Was ist es;
die Farbe, der Geruch, die Hoffnung auf
etwas Besonderes?

Wer hat gesagt,
dass Diamanten nur die Reichen besitzen können?
Was ist es;
die Farbe, der Geruch, die Hoffnung auf
etwas Besonderes?

Vielleicht ist es die Sonne,
die sie sehen können,
wenn sie ihn gierig in ihren Händen drehen?
Schaut nach oben, sie kann es nicht sein,
noch steht sie am Himmel.

Wer hat gesagt,
dass es den Tod eines Elefanten
rechtfertigen würde,
wenn man sich die schöne Statue aus
Elfenbein in seine Wohnung stellt.
Was ist es;
die Farbe, der Geruch, die Hoffnung auf
etwas Besonderes?

Kann das so eine Rolle spielen?
Wer kann einfach festlegen,
was wertvoll oder keinen Wert besitzt.
Wer hat das gesagt?

Das Gold, die Diamanten, Elfenbein –
wer kennt schon ihren wahren Wert?

Viele lassen sich blenden und zerstören,
was wir als Grundsatz des Lebens
bezeichnen können,
um zu zeigen, was sie erreicht haben,
was in Wirklichkeit die Vernichtung des
Ganzen bedeuten würde.

Dinge, die keine Bedeutung für die
Existenz des Einzelnen ausmachen und
welche nur Macht darstellen sollen, werden in den Augen
der Menschen groß geschrieben.

Seid still, horcht hinein in die Stille des Seins.
Hört auf die Stimmen, lauscht, was sie sagen.
Schaut, macht die Augen auf, verschließt sie nicht länger.
Seht, was wirklich wertvoll ist.
Denkt über die Handlungen von heute nach,
denn sie werden als Früchte im Morgen reifen.

Es sind die Kleinigkeiten, die eine solch lange Reise
hinter sich lassen müssen,
um in unser Bewusstsein zu gelangen und zu zeigen,
wie wertvoll sie sind.
Lasst euch nicht blenden, von den angeblich großen
Dingen, welche die Welt bewegen.

.... denn, wer hat das gesagt?!

Gedanken

Rose

Stolz, wie die Rose -
so glänzend, so schön,
so eitel, so blind,
nichts Böses zu sehen.

Doch pass bloß auf,
der Wind kommt mit der dunklen Nacht.
Gib acht auf dich,
es gibt niemanden, der eine stolze Rose bewacht.

Mit lieblichen Worten, so bittersüß,
die Nase im Wind, kein Leid willst du seh´n.
Versuchst zu bezaubern, mit all deiner Kraft,
willst jedermann zeigen deine eigene Macht.

Doch glaube mir, du stolze Rose,
die große Welt die braucht dich nicht.
Du blindes Geschöpf, höre mir zu!
Die, die Welt braucht, das bist nämlich du.

Gib den Anderen ein bisschen Wärme,
gib den Anderen dein Herzen dazu -
die, die Welt braucht, das bist nämlich du.

Stolze Rose, du schöne im Wind,
es sind nicht die lieblichen Worte,
die klug von dir sind.

Doch pass bloß auf,
der Wind kommt mit der dunklen Nacht...

...und wenn dieser kommt
und dich erfasst -
wird keiner dir helfen
und dein Leben verblasst....

… gib acht auf dich,
es gibt niemanden,
der eine stolze Rose bewacht.

Phantasie

Auch wenn du mir alles nimmst,
bitte ich dich doch,
mir meine Phantasie
niemals zu nehmen.
Sie ist es, die ich niemals verlieren will.

Sie gibt mir Kraft und lässt mich hoffen.
Sie lässt mich Worte finden
und Taten vollbringen.
Sie gibt mir Mut
und schenkt mir ein Lächeln.
Sie macht aus einem Regentag
ein Wunder,
sie schenkt mir Befreiung
und Leichtigkeit.
Sie lässt mich singen und lachen,
auch weinen und fluchen.

Bitte nimm sie mir niemals,
sonst würde ich der traurigste Mensch
auf der ganzen Welt – ohne Phantasie.

Junge, was ist los mit dir?

13 Jahre wirst du alt sein.
Dein Verhalten schockiert mich.

Junge, was ist los mit dir?
Du trägst Hosen, welche die Soldaten im
Krieg tragen,
über deine Schulter hängt ein Gewehr.
Du greifst nach einem Pflasterstein,
holst aus und wirfst ihn mit sichtbarer
Befriedigung gegen die Hauswand.
Krachend fällt dieser zu Boden und
ein Lachen liegt auf deinem Gesicht.

Junge, was ist los mit dir?
13 Jahre wirst du alt sein,
es schockiert mich, dass du ein Teil der
Zukunft sein wirst.

Ignoranz

Hilfe suchend läuft ein Mann umher -
zerschlissene Kleider,
Schmutz auf Gesicht und Händen,
schwankend, zitternd.

Hilfe suchend schaut er zu den Menschen,
die hastig vorbei gehen -
doch sie sehen ihn nicht.

Er bittet die Menschen,
die nicht sehen, ihm zu helfen -
doch sie hören ihn auch nicht.

Er weint, in der Hoffnung, dass wenigstens
ein einziger Mensch stehen bleibt -
doch sie fühlen seine Verzweiflung nicht.

Es ist nicht so,
dass man diesem Mann nicht ansehen würde,
wie schlecht es ihm geht
und dass er auf Hilfe wartet,
dass er sie in diesem Moment braucht -
es ist so,
dass die Menschen nicht sehen, hören oder gar
mit ihm fühlen wollen.
Sie wollen ihm gar nicht helfen.

Aber würdet ihr Hilfe suchen, ihr wärt froh,
wenn dieser Mann auf euch zukäme und sagen würde:
"Ich helfe dir!"

Busfahrer

Völlig atemlos rennt er,
hinkend, über die Straße.
Die Ampel zeigt rot.
Er erntet verachtende Blicke
von den anderen Menschen -
auch von mir.

Doch mein Blick folgt ihm.

Der Bus steht an der Haltestelle -
10 Meter noch...

Er rennt immer noch, hinkend,
sein Herz rast vor Anstrengung.

Ich versuche mit meinem Blick,
den Bus zu halten.

Der Bus steht an der Haltestelle -
5 Meter noch...

Ich denke, er hat es geschafft.

Seine Bemühungen und all
die bösartigen Gedanken der Anderen
über sein Verhalten sind verflogen und vergessen,
denn sein Ziel liegt nahe.

Dann, er hat die Tür erreicht -
die geschlossene,
der Bus fährt ab -
ohne ihn...

Er geht langsam,
mit gesenktem Kopf, den Weg zurück.

Er wartet sogar an der roten Ampel.

Versager

Können wir uns erlauben, jemanden einen Versager zu nennen?
Sind wir dann nicht auch Versager im Sinne der Menschlichkeit?
Können wir uns erlauben, jemanden, der in seinem Leben keinen oder weniger
Erfolg erlebt hat, als wir selbst, wirklich einen Versager nennen?
Unglückliches Zusammenspielen verschiedener negativer Geschehnisse,
vielleicht nicht zu beeinflussen und der Weg führt am erfolgreichen,
angesehenen Menschenbild vorbei.
Aber Versager?
Jemand, der mit den Anforderungen der Gesellschaft nicht umgehen kann, weil
er einen anderen Weg gegangen ist, weil ihm nie etwas ermöglicht wurde.
Was steht in den Augen eines "Versagers", wenn er **UNS** ansieht?

Akzeptanz

Die Leute, die du Freunde nennst, möchte ich kennen lernen,
um zu sehen, wie sie sich dir gegenüber verhalten.
Die Leute, die du nicht leiden kannst, möchte ich kennen lernen,
um festzustellen, warum du mit ihnen nicht auskommst.

Bin ich dein Freund?
- weil du noch merkst, dass ich bemüht bin, dir jeden Wunsch von den Augen abzulesen,
- weil ich dir das Gefühl gebe, dass du in deiner Meinung immer auf der rechten Seite stehst,
- weil du denkst, ich bin fasziniert von deiner Intelligenz,
- weil du merkst, ich bewundere dich dafür, wie gut du mit allen Menschen auskommst und welche großen Leistungen du in deinem Leben vollbracht hast?

Misst du daran die Freundschaft zu anderen Menschen?

Sage mir, was bin ich für ein Mensch für dich,
- wenn ich nicht mehr meine ganze Aufmerksamkeit dir alleine schenke,
- wenn ich dir meine Meinung zu deinen Ansichten vermitteln würde,
- wenn ich dir sagen würde, dass jeder Mensch auf seine Art intelligent ist, jeder seine Freunde hat, (es gibt solche und es gibt solche Freunde) und auch jeder Mensch in seinem Leben das Beste an Können und Wissen unter Beweis stellt

Misst du die Freundschaft zu anderen Menschen an deinen Verhaltensweisen oder deinem Wissen?

Bitte sage mir:

Warum sind Menschen, die nicht sind wie du, für dich nicht akzeptabel???

Du kannst doch nicht deine Taten mit denen anderer vergleichen.
Es gibt so viele Dinge, die du niemals zustande bringen wirst, welche die anderen aber schon vollbracht haben.
Jede Situation, jeder Mensch ist in seiner Art verschieden.

So wie ich bemüht bin, dich zu akzeptieren wie du bist, versuche du auch die anderen Menschen so anzunehmen, wie sie sind.

Nicht mehr

Ich kann es nicht mehr ertragen,
das falsche Spiel,
die falschen Worte und Gesten,
das falsche Lächeln auf euren Gesichtern.

Ich kann es nicht mehr ertragen,
die Intelligenz die euch aus den Augen spricht,
den Hochmut auf euren Lippen.

Ich kann es nicht mehr ertragen,
das Gerede untereinander und miteinander,
welches bei jedem anders ist,
nur, um im rechten Licht zu stehen.

Ich will es ertragen lernen,
meine Schale härter machen gegen euch.
Wäre ich so, wie ihr mich in eurer Oberflächlichkeit seht,
könnte ich alles ertragen,
sogar euch.

Änderungen

Das Leben wird jeden Tag neu geschrieben.
Du denkst, es läuft in geregelten Bahnen,
doch eines Morgens wirst du wach und blickst in eine Richtung,
die nie da gewesen ist.
Provokant, erfrischend und erschreckend zugleich.
Du brauchst neuen Mut,
um den Weg zu gehen,
den das Leben für dich bereithält.
Du denkst, du hast die Richtung gefunden,
die du gehen wirst,
jedoch eines Morgens,
wird alles anders sein.
Änderungen bestimmen dein Leben.
Lebe sie,
denn sie sind nicht das Ende,
sie sind der Anfang eines neuen Morgen.

Dein Lächeln

Ich finde keine Worte,
die dieses Gefühl beschreiben könnten.
Dieses Glücksgefühl in Worte fassen,
ich könnte genauso gut versuchen,
den Sonnenstrahl einzufangen.
Du bist die Sternschnuppe,
die vom Himmel fiel und
der schönste Wunsch,
der sich je erfüllte.
Wenn du dein Lächeln verschenkst,
geht für uns die Sonne auf.
Diese Wärme wandert über die Brücke
deines Lächelns direkt in unsere Herzen und
lässt auch uns strahlen.

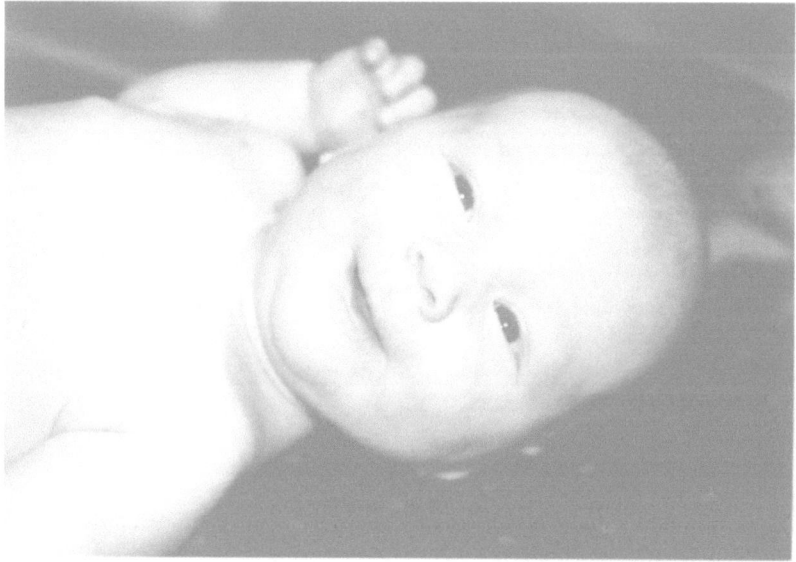

Abschied

Heute habe ich es erfahren,
dass du unsere Welt verlassen hast.
Es war Zeit für dich zu gehen.
Ich hatte keine Gelegenheit,
von dir Abschied zu nehmen.
Ich möchte es jedoch nicht versäumen.
Wir sind uns in der Zeit, die wir uns kannten,
nicht oft begegnet und doch spieltest du in meinem
Leben eine wichtige und bedeutende Rolle.
Ich bin sehr froh darüber,
dass du das wusstest,
dass ich es nicht versäumt habe,
dir meine Gefühle zu zeigen.
Ich bin froh, den Mut aufgebracht zu haben,
dir von mir zu erzählen.
Du weißt, was uns verbunden hat.
Ich habe für dich gehofft,
dass du noch hier in deiner Welt bleiben könntest.
Ich habe es gespürt,
dass mein Hoffen nichts daran ändern würde.
Ich habe es gespürt,
dass du gehen würdest.
Ich bin traurig darüber,
dass du nicht mehr bei uns bist,
aber das Band, das mich mit dir verbindet,
wird niemals zerreißen.
Du wirst immer einen Platz in meinem
Herzen behalten.
Alles Gute!

Inhaltsverzeichnis

Die Autorin: Silvana Birkholz geb. Bechert

<u>Jahrgang:</u> 1977

1984-1991	Grundschule in Berlin
1991-1994	Gesamtschule in Berlin
1995-1997	Lehre zur Hotelfachfrau mit Abschluss und anschließender Tätigkeit
1998-2009	Tätigkeit als Bürokauffrau und Ausbildung zur Betriebswirtin des Handwerks mit Abschluss
Seit 2010	Qualifizierung zur Erzieherin

Lektorat: Dr. Heidrun Kauschke

Herstellung und Verlag:
Books on Demand GmbH, Norderstedt
ISBN 978-3-8448-0959-6